4+1模型

用投资的思维管理

库存

张金宝　许　栩◎著

中国铁道出版社有限公司
CHINA RAILWAY PUBLISHING HOUSE CO., LTD.

图书在版编目（CIP）数据

4 + 1 模型：用投资的思维管理库存 / 张金宝，许栩著. -- 北京：中国铁道出版社有限公司，2025. 7.
ISBN 978-7-113-32124-6

Ⅰ. F253.4

中国国家版本馆 CIP 数据核字第 2025KN0814 号

书　　名：**4 + 1 模型——用投资的思维管理库存**
　　　　　4 + 1 MOXING：YONG TOUZI DE SIWEI GUANLI KUCUN

作　　者：张金宝　许　栩

责任编辑：吕　芨　　　编辑部电话：(010)51873035　　电子邮箱：181729035@qq.com
封面设计：宿　萌
责任校对：苗　丹
责任印制：赵星辰

出版发行：中国铁道出版社有限公司（100054，北京市西城区右安门西街 8 号）
网　　址：https://www.tdpress.com
印　　刷：北京鑫益晖印刷有限公司
版　　次：2025 年 7 月第 1 版　2025 年 7 月第 1 次印刷
开　　本：710 mm×1 000 mm　1/16　印张：15　字数：231 千
书　　号：ISBN 978-7-113-32124-6
定　　价：79.00 元

版权所有　侵权必究

凡购买铁道版图书，如有印制质量问题，请与本社读者服务部联系调换。电话：(010)51873174
打击盗版举报电话：(010)63549461

序

第一次见到许栩,谈到库存管理的时候,我问了他一个底层问题:"为什么要管理库存?"

许栩说:"为了以合理的库存,满足客户需求……所谓合理,是指质量符合要求,数量不多不少,时间不早不晚……"

我给他讲了一个故事。

金财有一个客户,在江西的一个农业县,做农产品加工,公司的主要原料是向当地(周边县)的农户收购。

这家公司度过艰辛的创业期后,业务快速发展,但马上面临一个大问题,原料跟不上。原料跟不上的原因,倒不是农户的产能不够,而是很多农户不愿意种植,怕他们到时不收购,或怕他们厂子关门……合同写得再清楚农户也不相信,毕竟这些年来,农户们经历过一些违约的事……

因公司在快速发展,到处缺钱,不太可能给农户预付,怎么办呢?公司老板汪总出手解决了这个农户的信任问题。

汪总怎么做的呢?说起来很简单,就两招。

第一,用大白话写合同,公司的责任农户一看就懂。

第二,挤出资金,做成品库存,将公司2 000多平方米的仓库放满,并持续放满,只要发货,就补充库存。同时,在仓库设一条参观走廊，允许农户随时进入走廊参观。

因为持续的高库存，占用了他们本就紧张的资金，让财务非常被动。也因为持续的高库存，几乎每月都有3万~5万元的呆滞成品报废，让仓库非常被动。但是，不得不承认，这两招下来，农户的信任感慢慢建立了，基本上解决了原料跟不上的问题。

故事讲完，我问许栩，你觉得这家公司的库存管理成功吗？

许栩一时没回答，我给他讲了另一个故事。

金财有个北京的客户，做大健康赛道的，主打十几款功能性食品。产品上市后，因为质量非常不错，口碑也好，订单络绎不绝。

但当公司产品稳定，订单稳步上升时，问题来了。销售人员发现，缺货情况越来越严重，最后达到当客户下单后，几乎超过50%的订单会缺货，需要销售人员联系客户，道歉、退款或改单，当然，还有一部分要赔偿。

产品稳定，订单上升，他们的缺货为什么越来越严重？是库存管理一团糟吗？

一开始我也这样认为，但和他们老板交流后，发现根本不是库存管理的事。

老板说："我们的功能食品销量确实不错，但由于价格不高，客户群体偏小，未来几乎一眼看到头。所以，年底战略规划时，我们确定了一个战略方向——做大健康咨询。对功能性食品来说，目前我们的客户群体偏小，但对于大健康咨询，这是一个庞大的流量入口。而因咨询的特性，过程的不确定性太大，我们需要在这个客户群体中进一步筛选。于是，在战略方向确定后，我们商讨出一个策略，以随机缺货的方式，筛选我们的目标客户。也就是说，缺货后，我们联系客户，首先道歉，其次，提出两个解决方案，退款或改单，给他发另一款产品。只要接受改单的，就是我们大健康咨询的目标客户。"

我继续问许栩，你觉得这家大健康公司的库存管理成功吗？

答案很明显，这两个故事中，两家公司的库存管理都是成功的。因为他们想明白了为什么要管理库存。

一家企业的成功，往往不在于做事的方法，而在于选择了正确的战略方向。做正确的事，优先于正确地做事。对于为什么要管理库存的问题，许栩的问答很专业，但"以合理的库存，满足客户需求"，只是正确地做事。库存管理，也需要先做正确的事，先弄明白"为什么管理库存"（做正确的事），再来"如何管理库存"（正确地做事）。

近两年来，许栩担任金财大财务研究院的产品研发中心负责人，我在讲"老板利润管控"等大课时，他经常和我在一起，接待了数十位民营企业家、老板、财务负责人、供应链负责人……在聊到管理中的一些痛点时，往往会探讨"为什么管理库存"（做正确的事），并寻找方法，解决"如何管理库存"（正确地做事）。

后来，金财组织300多位咨询合伙人做了一系列"大咖"密训营，把"库存管理"的一些方法论也做了详细的分享。咨询师们应用在管理咨询实践中，取得了非常好的效果。

于是，就有了这本书。在本书中，我们提出了"库存的投资回报"概念，提出了"有效产出""库存管理的平衡指标"等，回答"为什么要管理库存"（做正确的事）。在此基础上，又提出了"平衡等式""广义订货与狭义订货""库存管理绩效"等，回答"如何管理库存"（正确地做事）。

  相信这些方法论的思考，对所有关心库存的管理者来说，是一种新的处理问题的视角，希望能给各位读者带来价值。

张金宝
于北京清华园

目 录

第0章 绪论 ··· 1

0.1 到底什么是库存 ··· 1
0.2 投资思维下，库存管理的财务指标 ································ 4
0.3 平衡计分卡 ·· 6
0.4 库存管理的客户、流程、学习与成长指标 ······················· 9
0.5 库存管理的五条路线 ··· 11
0.6 库存管理的三项支撑 ··· 15

指标篇　库存管理的平衡指标

第1章 库存管理的财务指标 ·· 18

1.1 对齐战略的财务指标：库存的投资回报 ························· 18
1.2 体现资产效率的财务指标：库存周转率 ························· 28
1.3 衡量库存自身安全的财务指标：库存呆滞率 ··················· 35

第2章 库存管理的客户指标 ·· 40

2.1 满足承诺需求的客户指标：及时交付率 ························· 40
2.2 满足原始需求的客户指标：订单完成提前期 ··················· 50
2.3 应对加急的客户指标：供应链响应时间 ························· 56

第3章 库存管理的流程指标 ·· 60

3.1 为什么选择发货准确率、备货提前期和订货提前期 ········· 60

i

3.2　直面客户的流程指标：发货准确率⋯⋯⋯⋯⋯⋯⋯⋯⋯⋯ 63

3.3　给客户安全感的流程指标：备货提前期⋯⋯⋯⋯⋯⋯⋯ 69

3.4　构成企业竞争力的流程指标：订货提前期⋯⋯⋯⋯⋯⋯ 75

第4章　库存的学习与成长指标⋯⋯⋯⋯⋯⋯⋯⋯⋯⋯⋯⋯⋯⋯ 80

4.1　"被玩坏了"的学习与成长指标：员工满意度⋯⋯⋯⋯ 80

4.2　"必然选择"的学习与成长指标：员工保持率⋯⋯⋯⋯ 87

4.3　"先定目的"的学习与成长指标：供应链人效⋯⋯⋯⋯ 92

实战篇　库存管理的五条实战路线

第5章　战略线：库存管理的五个战略⋯⋯⋯⋯⋯⋯⋯⋯⋯⋯⋯ 98

5.1　定制库存战略：定制库存的四个策略⋯⋯⋯⋯⋯⋯⋯ 101

5.2　新品库存战略：新品库存的七个方法⋯⋯⋯⋯⋯⋯⋯ 105

5.3　长尾库存战略：长尾库存的取舍之道⋯⋯⋯⋯⋯⋯⋯ 109

5.4　退货库存战略：轻松退货与退货矩阵⋯⋯⋯⋯⋯⋯⋯ 114

5.5　投机库存战略：库存投机决策矩阵⋯⋯⋯⋯⋯⋯⋯⋯ 118

第6章　时间线：及时交付平衡等式⋯⋯⋯⋯⋯⋯⋯⋯⋯⋯⋯ 125

6.1　及时交付平衡等式⋯⋯⋯⋯⋯⋯⋯⋯⋯⋯⋯⋯⋯⋯⋯ 125

6.2　如何延长客户交货提前期⋯⋯⋯⋯⋯⋯⋯⋯⋯⋯⋯⋯ 127

6.3　如何缩短采购提前期⋯⋯⋯⋯⋯⋯⋯⋯⋯⋯⋯⋯⋯⋯ 130

6.4　如何缩短生产提前期⋯⋯⋯⋯⋯⋯⋯⋯⋯⋯⋯⋯⋯⋯ 140

6.5　如何缩短物流提前期⋯⋯⋯⋯⋯⋯⋯⋯⋯⋯⋯⋯⋯⋯ 144

第7章　空间线：库存控制实战模型⋯⋯⋯⋯⋯⋯⋯⋯⋯⋯⋯ 148

7.1　许栩原创库存控制实战模型⋯⋯⋯⋯⋯⋯⋯⋯⋯⋯⋯ 148

7.2　库存控制的起点：需求预测⋯⋯⋯⋯⋯⋯⋯⋯⋯⋯⋯ 152

7.3　库存控制的事前应对：安全库存⋯⋯⋯⋯⋯⋯⋯⋯⋯ 160

7.4　库存控制的执行：订货⋯⋯⋯⋯⋯⋯⋯⋯⋯⋯⋯⋯⋯ 164

7.5 库存控制的事中跟踪 1：缺货预警 …………………………… 170
7.6 库存控制的事中跟踪 2：呆滞预警 …………………………… 176
7.7 库存控制的事后处理：呆滞管理 ……………………………… 180

第 8 章 执行线：从广义订货到狭义订货 …………………………… **186**

8.1 广义订货与狭义订货 ……………………………………………… 186
8.2 广义订货的思路与方法 …………………………………………… 189
8.3 狭义订货的思路与方法 …………………………………………… 202

第 9 章 绩效线：从组织、到团队、再到个人 ……………………… **212**

9.1 为什么要从组织、到团队、再到个人 ………………………… 212
9.2 库存管理的共同目标 …………………………………………… 214
9.3 供应链奖金分配方案 …………………………………………… 220

后记 …………………………………………………………………… **227**

参考文献 ……………………………………………………………… **229**

第 0 章 绪 论

问大家一个问题：企业为什么要持有库存？

有人说，持有库存是为了应对不确定性，为了满足客户需求（内外部客户）与提升供应链柔性。这是从客户的角度出发的。

有人说，持有库存是为了保持运营的连续性，库存是供应链无缝运转的黏结剂。这是从内部运营的角度出发的。

也有人说，持有库存是为了降低采购成本，为了应对未来可能的涨价。这是从成本的角度出发的。

有很多答案。这些答案都对，也可能都不对。

说它对，是因为持有库存都是为特定目的而存在的，满足需求、保障运营、降低成本等，都可能是持有库存的目的。

说它不对，是因为持有库存从来都不是只为一个特定的目的而存在，库存可能需要同时满足需求、保障运营、降低成本，库存更需要为企业战略而服务。

0.1 到底什么是库存

那么，企业为什么要持有库存？库存又到底是什么呢？

我从资产负债表中得到一个启发：库存，是对"满足客户需求"的投资。

表 0-1 是一份资产负债表[1]。在资产负债表上，库存（存货）是一种

---

[1]《财政部关于修订印发 2019 年度一般企业财务报表格式的通知》财会〔2019〕6 号的附件 2。

流动资产，是企业总资产的一部分。资产负债表是传统的三大财务报表之一①，也就是说，从财务的角度，库存是企业的资产。而对于供应链来说，库存的主要作用是用来交付从而满足客户需求，库存是交付的对象。从业务（供应链）的角度，库存是为了满足客户需求。

表 0-1　资产负债表

会企 01 表

编制单位：　　　　　　　　　　　　　年　　月　　日　　　　　　　　　　单位：元

资产	期末余额	上年年末余额	负债和所有者权益（或股东权益）	期末余额	上年年末余额
流动资产：			流动负债：		
货币资金			短期借款		
交易性金融资产			交易性金融负债		
衍生金融资产			衍生金融负债		
应收票据			应付票据		
应收账款			应付账款		
应收款项融资			预收款项		
预付款项			合同负债		
其他应收款			应付职工薪酬		
存货			应交税费		
合同资产			其他应付款		
持有待售资产			持有待售负债		
一年内到期的非流动资产			一年内到期的非流动负债		
其他流动资产			其他流动负债		
流动资产合计			流动负债合计		
非流动资产：			非流动负债：		
债权投资			长期借款		
其他债权投资			应付债券		
长期应收款			其中：优先股		
长期股权投资			永续债		
其他权益工具投资			租赁负债		

---

①传统的三大财务报表：资产负债表、利润表、现金流量表。

续上表

资产	期末余额	上年年末余额	负债和所有者权益（或股东权益）	期末余额	上年年末余额
其他非流动金融资产			长期应付款		
投资性房地产			预计负债		
固定资产			递延收益		
在建工程			递延所得税负债		
生产性生物资产			其他非流动负债		
油气资产			非流动负债合计		
使用权资产			负债合计		
无形资产			所有者权益（或股东权益）：		
开发支出			实收资本（或股本）		
商誉			其他权益工具		
长期待摊费用			其中：优先股		
递延所得税资产			永续债		
其他非流动资产			资本公积		
非流动资产合计			减：库存股		
			其他综合收益		
			专项储备		
			盈余公积		
			未分配利润		
			所有者权益（或股东权益）合计		
资产总计			负债和所有者权益（或股东权益）总计		

从财务的角度看，库存是企业的资产；从业务的角度看，库存是为了满足客户需求。业财融合，库存就是对"满足客户需求"的投资。

当然，本书无意重新给库存下定义。本书提出的是我们处理库存相关问题的一种思考维度，是库存管理的一个思路——关于库存的定义，业界有更权威的说法，这里附上一个现代汉语词典（第7版）和两个国标的定义，以供参考。

> 库存，指库中现存的现金或物资①。
> 库存，是储存作为今后按预定的目的使用而处于备用或非生产状态的物品。注：广义的库存还包括处于制造加工状态和运输状态的物品②。
> 库存，是以支持生产、维护、操作和客户服务为目的而存储的各种物料。广义的库存还包括处于制造加工状态和外购（协）运输状态的物品③。

0.2 投资思维下，库存管理的财务指标

库存，是对"满足客户需求"的投资。如何理解这句话呢？我们来看一个案例。

30万元损失与6 000万元增长

杭州某食品电商公司，大多数产品的保质期为30天（或更短）。为了给客户提供新鲜的产品，也为了保障食品安全，公司内部品质控制规定：保质期30天的产品，生产日期超过12天，就不能发货（即变成呆滞，走呆滞流程处理）。

这给供应链带来非常大的压力，一不小心，就会带来呆滞，甚至是批量呆滞。所以，一直以来，该公司的运作模式都是按订单生产（make to order, MTO），即接单后再组织生产。公司生产流程较短（4个小时以内），在前一两年，订单量不大的情况下，他们基本做到了12:00前接单，当天完成发货。

---

① 《现代汉语词典》第7版。
② GB/T 18354—2021《物流术语》。
③ GB/T 25103—2010《供应链管理业务参考模型》。

公司运营很给力，订单持续增加。不到两年的时间，公司业绩就做到4 000万元。但是这时，公司的交付出现了问题。

公司走的是电商渠道，近几年来，客户对发货时间的要求越来越高，绝大多数客户要求当天发货（最多第2天发货）。公司运营过程中，只要一不小心出现异常，就会造成订单积压；订单一积压，各种催单，生产加急、插单情况就大量增加；而加急、插单又严重影响生产效率，进一步造成订单积压……就这样，恶性循环，延误问题越来越突出，最严重的一次，200多个订单整整延后了5天才发货。

公司业绩做到4 000多万元之后，增长乏力，基本停滞……

这家公司的问题出在哪里呢？可能存在很多方面的原因，但最关键的一个，是他们把库存看成了控制的对象（避免形成呆滞），而没把库存看作投资（满足客户需求）。

库存，是对"满足客户需求"的投资。以投资的思维管理库存，思路就宽阔了。后来，以此思维，该公司采取了做爆品库存的解决方案。

一是进行爆旺平滞分析，找出爆品。分析发现，该公司爆品占了近60%的订单和业绩。

二是对爆品进行波动性分析，找出销售波动平缓的爆品。分析发现，爆品中，波动平缓的占比非常高，近80%。

三是针对这些销量大、波动小的爆品，预测未来5天的需求，做成品库存，以成品发货。

效果很明显，因为有库存，不到3个月，就实现了接近一半的订单直接库存发货，实现当天下单当天发货（哪怕是晚上下单——快递公司下班前）。同时，因批量生产，生产效率大增，带动其他订单的交付速度实现正向循环。不到半年，95%的订单实现了当天发货；不到一年，公司业绩破亿元。

当然，他们是根据预测做库存，而预测总是不准的，这就不可避免地造成了成品呆滞，给公司带来了损失。后来根据实际计算，做爆品成品库存后，该公司全年成品呆滞率约为3%。3%的呆滞看起来很大，但该公司平均库存不足1 000万元，每年增加的呆滞不到30万元。

以 30 万元的呆滞损失，换来业绩破亿元（增长约 6 000 万元），这就是以投资思维管理库存的价值。

投资思维的三个指标

以投资的思维来管理库存，什么是投资的思维？简单一句话：投资需要回报。所以，本书开头的问题就有了答案。企业为什么要有库存？是因为要给股东（老板）带来回报。

在投资管理中，回报具体体现在三个方面：一是有多少收益，能赚多少钱（付出多少成本，现在能赚多少钱，未来能赚多少钱）；二是什么时候能收到钱（现金），什么时候有钱回来，能回来多少；三是风险有多大，亏损的概率高不高。

这三个方面就是投资的三原则：收益性、流动性、安全性，也被称为投资铁三角，如图 0-1 所示。

收益性、流动性、安全性，是投资思维的典型表现。

以投资的思维管理库存，对于"库存"这个投资对象，一样要考虑收益性、流动性和安全性。

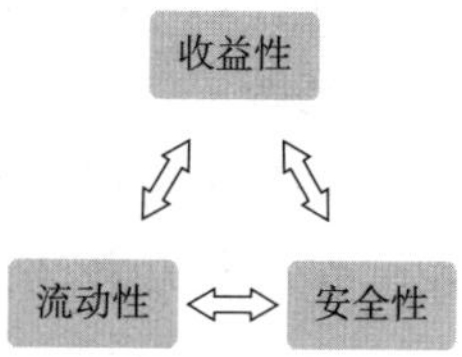

在本书的库存管理中，收益性选用库存的投资回报来衡量，流动性以库存的周转效率来体现，安全性以库存的呆滞水平来反馈（现金流安全体现在流动性中）。

图 0-1 投资铁三角

这样，以投资的思维，收益性、流动性、安全性，我们就得出了库存管理的三个财务指标：库存的投资回报、库存周转率和库存呆滞率。

本书将在指标篇的第 1 章分别介绍这三个财务指标的管理思路、计算方法和实际应用。

0.3 平衡计分卡

财务指标是企业追求的结果，但结果不会从天而降。如何得到这些结果呢？

从理论上说，有结果，一定有过程；有结果，一定有原因。我们只要循着这些过程，找到这些原因（动因或驱动因素），就能得到这些结果。

但问题是，如何找到这些过程、动因或驱动因素？罗伯特·卡普兰给了我们一个思路。1996年，卡普兰在他们多年研究的基础上，和戴维·诺顿博士一起出版了《平衡计分卡：化战略为行动》，书中给出了一套具有因果关系的指标体系，这就是平衡计分卡。

如图0-2所示，平衡计分卡从财务、客户、内部业务流程、学习与成长四个角度来评价企业的业绩。财务指标是企业追求的结果，其他三个方面的指标①是取得这种结果的过程、动因或驱动因素。

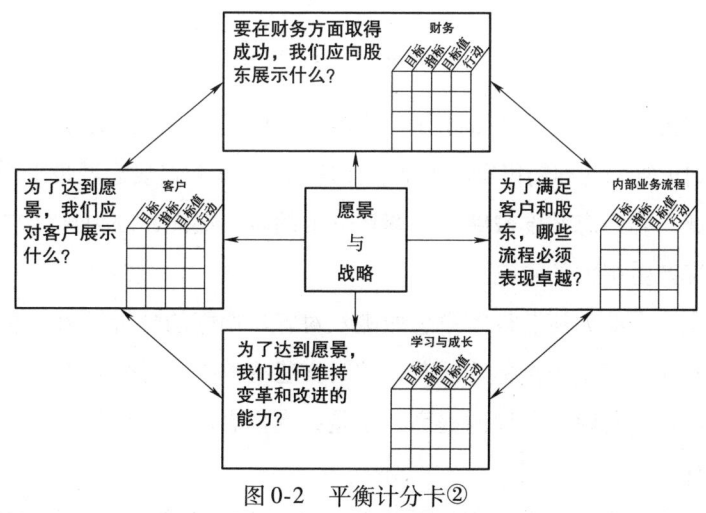

图0-2 平衡计分卡②

平衡计分卡是一个全面的框架，它帮助高级管理层把公司的愿景和战略转变为一套连贯的业绩指标③。平衡计分卡指标的重要之处，是将指标体系与企业战略挂钩。供应链管理同样需要如此，不以企业战略（回报）为出发点的供应链管理，怎么做都可能是错的。

---

①其他三个方面的指标为非财务指标，需要注意的是，非财务指标不是对财务指标的取代，而是对财务指标的补充。

②图片来源为罗伯特·卡普兰和戴维·诺顿2004年6月在广东经济出版社出版的《平衡计分卡：化战略为行动（珍藏版）》。

③引用自罗伯特·卡普兰和戴维·诺顿2004年6月在广东经济出版社出版的《平衡计分卡：化战略为行动（珍藏版）》。

平衡计分卡指标的因果关系（得到财务结果的动因），卡普兰在书中举了一个例子，如图0-3所示。

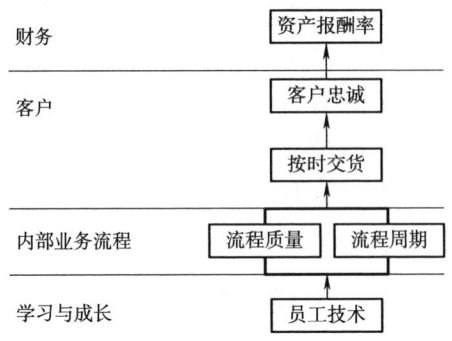

图0-3 平衡计分卡因果关系①

资本报酬率可能是平衡计分卡的财务指标。这一指标的驱动因素可能是客户的重复采购和销售量的增加，而这二者是客户高度忠诚带来的结果。

因此，客户忠诚度被纳入平衡计分卡的客户层面，因为预计它将对资本报酬率产生很大的影响。

但是，企业如何获得客户忠诚呢？对客户偏好的分析显示，客户比较重视按时交货率这个指标。因此，按时交货率的提高会带来更高的客户忠诚度，进而引起财务业绩的提高。于是，客户忠诚度和按时交货率都被纳入平衡计分卡的客户层面。

循着这个逻辑，下一个问题是企业必须在哪些内部流程上表现杰出，才能有较好的按时交货率呢？为了提高这一比率，企业可能需要缩短经营周期并提高内部流程的质量，这两个因素可能成为平衡计分卡内部流程的指标。

企业要如何改善内部流程的质量并缩短周期呢？为达到这个目标，企业需要培训员工并提高他们的技术，因此，员工技术成为学习与成长层面的目标。②

---

①引用自罗伯特·卡普兰和戴维·诺顿2004年6月在广东经济出版社出版的《平衡计分卡：化战略为行动（珍藏版）》。
②同上。

0.4 库存管理的客户、流程、学习与成长指标

库存管理，是为了得到"库存"这项投资的投资回报（财务指标：库存的投资回报、库存周转率和库存呆滞率）。那如何才能得到投资回报呢？显然，只有客户才能给公司的投资带来回报。

问题是，客户凭什么给你回报？

客户指标

客户凭什么给你回报？首先是让客户满意。只有满意了，客户才会给你钱，给了钱，才可能给公司带来回报。

不过，在实际工作中，大多数情况下，"客户满意"是一个很虚的词，"客户满意度"也不好统计，不好衡量，更多的时候是企业的一个噱头，仅此而已。

为了避免这种情况，在库存管理方面，我们选了三个关键指标来体现和衡量客户满意度：及时交付率、订单完成提前期和供应链响应时间。

及时交付率是我方对客户承诺的兑现程度；订单完成提前期是在需求平稳的前提下，从客户下单到交付给客户所花费的时间，评价的是我方满足客户订单需求的能力；供应链响应时间是我方对客户无约束需求的绝对满足能力。

库存管理者抓好了这三个关键指标，就可以认为在库存管理方面，客户是满意的。

本书将在指标篇的第 2 章分别介绍这三个客户指标的选择理由、管理思路、计算方法和实际应用。

流程指标

有了财务层面的指标，也有了客户层面的指标，我们怎么做，才能支撑、做好或提升这些指标，从而让客户满意，实现企业财务目标呢？这就

需要关注对这些指标有重要影响的内部业务流程。

为了更好地满足客户需求和实现财务目标，库存管理的内部业务流程层面的关键指标有三个：发货准确率、备货提前期、订货提前期。

供应链通过满足客户需求来实现财务回报，这三个流程指标，都指向"满足客户需求"。发货准确率，是直接满足客户需求的指标，是衡量供应链流程有效性（支撑客户指标）的关键指标。备货提前期，为本书首次提出，是我们原创的一个指标，备货越快，备货的效率越高，越能满足客户需求。订货提前期，则决定着备货效率、交付效率（满足客户需求），也几乎决定着我们的库存总量。

本书将在指标篇的第3章对这三个指标进行说明，介绍为什么选这三个指标，以及这三个指标的管理思路、计算方法和实际应用。

学习与成长指标

企业要持续发展，需要企业能力持续提升。而企业内部业务流程顺畅，满足客户需求和实现财务目标，都需要企业能力作为保障。

企业能力不仅仅是员工（人）的能力，还包括信息系统的能力和组织的能力。也就是说，企业的学习与成长，包括人的学习与成长、信息系统的学习与成长和组织的学习与成长。

《平衡计分卡：化战略为行动》中提到，学习与成长层面可以分为三个主要范畴或动因：员工能力，信息系统能力（技术基础框架），激励、授权和协作（行动气氛）。由这三个主要范畴或动因，生成三组核心的学习与成长衡量指标：员工满意度、员工保持率和员工生产率。

库存管理的学习与成长层面，参照这个思路，我们同样选出了三个关键指标：员工满意度、员工保持率和供应链人效。其中，供应链人效对应员工生产率。

本书将在指标篇的第4章分别介绍这三个指标的管理思路、计算方法和实际应用。

0.5 库存管理的五条路线

我们采用平衡计分卡,梳理出库存管理的 12 个关键指标。本书将这 12 个关键指标组成的指标体系,称为"库存管理的平衡指标",如图 0-4 所示。那么,我们如何做好这些平衡指标,让客户满意,实现企业财务目标呢?

财务	库存的投资回报	库存周转率	库存呆滞率
客户	及时交付率	订单完成提前期	供应链响应时间
内部业务流程	发货准确率	备货提前期	订货提前期
学习与成长	员工满意度	员工保持率	供应链人效

图 0-4 库存管理的平衡指标

为了解决这个问题,基于金财的咨询实践,经过不断思考和总结,我们提炼出"金财库存管理实战模型"。模型基于企业战略,依次展开五条路线:战略线、时间线、空间线、执行线、绩效线,如图 0-5 所示。

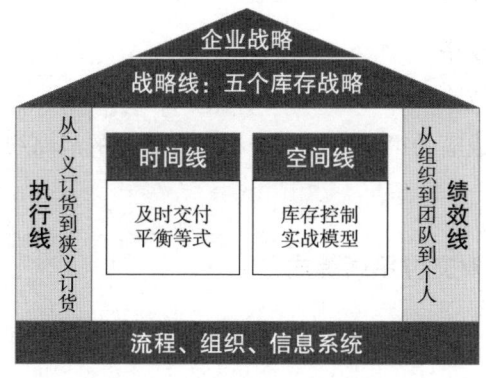

图 0-5 金财库存管理实战模型

战略线：库存管理的五个战略

在战略层面，从企业的角度来说，其实并不存在供应链战略或库存战略，供应链管理或库存管理只是企业战略的一个执行环节。不过，如果单独站在供应链或库存管理的角度，将"执行企业战略"，称为"供应链战略（库存战略）"，似乎也无可厚非。所以，本书仍直接称为供应链战略。

弗雷德蒙德·马利克说，战略的重要功能，是为了弥补信息的不足[1]。信息的不足，会造成不确定性。为应对不确定性，为弥补信息的不足，我们制定战略，以相对的确定性应对不确定性，以方向大致正确的规则，弥补信息的不足。这是战略的初衷，也是战略的主要功能。

库存管理，向上支撑企业战略，同样需要有相对的确定性，需要大致正确的规则来应对不确定性和弥补信息的不足。也就是说，对于库存管理来说，需要基于企业的整体战略，制定库存战略，制定出一系列相对确定的规则和目标，这是库存管理的起点。

战略是一项老板工程，极其重要，有时很单纯，有时也非常复杂。为了适应大多数民企现状，为了更容易落地，我们将库存战略往下细分为五个战略：

①定制库存战略；
②新品库存战略；
③长尾库存战略；
④退货库存战略；
⑤投机库存战略。

本书将在实战篇的第 5 章详细介绍库存管理的战略线和细分的五个库存战略。

时间线：及时交付平衡等式

从客户下单，到我们交付产品到客户手中，整个时间线可以写成一个

---

[1] 引用自弗雷德蒙德·马利克 2017 年 5 月在机械工业出版社出版的《战略：应对复杂新世界的导航仪》。

公式：**客户交付提前期＝采购提前期＋生产提前期＋物流提前期**。本书将这个公式命名为及时交付平衡等式。

在商业模式与企业战略既定的情况下，当等式成立，即**客户交付提前期＝采购提前期＋生产提前期＋物流提前期**，企业可以不用库存（零库存）满足客户需求。

当等式左边大于右边，即**客户交付提前期＞采购提前期＋生产提前期＋物流提前期**，企业有能力提前满足客户需求，供应链具有一定的柔性，可以快速交付，提升企业的市场竞争力。

但现实往往是等式左边小于右边，甚至是远远小于右边（客户往往希望下单后马上发货），怎么办？首先，缩短等式右边的时间，使之与左边的时间相等；其次，增加库存，以空间换时间。

本书将在实战篇的第6章详细介绍及时交付平衡等式，以及缩短等式右边时间的一些思路和经验证有效的方法。

空间线：库存控制实战模型

如果及时交付平衡等式的左边（客户交付提前期）小于右边（采购提前期＋生产提前期＋物流提前期），并且因商业模式等特性无法缩短等式右边的时间与之匹配时，我们需要增加库存，以空间换时间。

但是，增加多少库存呢？我们想既能满足客户需求，又不希望占用过多的资金，更不愿意造成呆滞，怎么办呢？

这就需要我们从客户需求到满足客户需求来思考，从供应链端到端流程进行设计。比如获取客户线索，预测客户需求，制订计划，组织供应，物流交付，售后服务等。这就是库存管理的空间线。

本书将在实战篇的第7章，基于《库存控制实战手册：需求预测＋安全库存＋订货模型＋呆滞管理》（人民邮电出版社2021年11月版）提出的"许栩原创库存控制实战模型"，详细介绍如何管好库存管理的空间线。

执行线：从广义订货到狭义订货

有了库存战略，以及时间和空间的框架，企业实际落地时，如何去做、如何去执行呢？本书给出的方法是从自定义的S&OP、广义的订货，到狭义的订货。

自定义的S&OP，用于获知客户需求与平衡供应能力。

广义的订货，是指根据客户订单和需求预测，企业现有库存及企业库存控制策略、订货方法，向供应商下达独立需求产品的订货需求的过程。广义的订货主要面向内部供应商（如生产车间），主要是成品订货。

狭义的订货，是根据广义的订货输入的需求，企业现有库存及企业库存控制策略、订货方法，向供应商下达相关需求物料的订货需求的过程。狭义的订货主要面向外部供应商，主要是材料订货（包括原料、辅料和包材与部分半成品订货）。

广义的订货与狭义的订货的区分，我们于2021年首次提出。经过这几年的思考与实践，广义的订货与狭义的订货两套模型已逐渐成熟，相对简洁并可以拿来即用。

本书将在实战篇的第8章详细介绍自定义的S&OP、广义的订货与狭义的订货。

绩效线：从组织、到团队、到个人

对于绩效管理来说，企业想要什么就考核什么。这句话很直白，也得到不少人的认可。但是，真正按这句话去做的，很少。更多的是因为要考核而考核，库存管理方面尤其如此。比如，考核库存管理团队的预测准确率、计划达成率，都是因为要考核而考核，并没有真正去想企业到底想要什么，库存管理到底想要什么。

有一句老话，大河有水小河满。组织有绩效，团队才有绩效；团队有绩效，个人才有绩效。本书就借用这个思路搭建绩效线。事实上，这个思路或这个道理非常浅显直白，但很可惜，现实中，很多企业的库存管理绩效，都是直接针对个人的，忘了团队，更忘了组织。

本书将在实战篇的第9章介绍库存管理绩效管理方法，如何使目标与考核解耦，如何从组织、到团队、再到个人。

0.6 库存管理的三项支撑

可能大家已有发现，图 0-5 中"金财库存管理实战模型"底部还有内容。这就是库存管理的三项支撑：流程、组织和信息系统。

企业很小的时候，信息管理可能没有形成系统，大家往往通过互动来获取信息，或通过 Excel 统计或分析信息。流程和组织呢？则往往只存在于老板和负责库存的人（比如采购或管仓库的）的头脑之中或行为上，很不严谨，但作为一种约定俗成的规则，在一定的时间内起到了相当大的作用。

但当企业持续发展，规模扩大时，指挥互动、主动自觉已无法满足需要。流程、组织和信息系统的优化需要提上日程。

不过，流程、组织和信息系统对任何企业来说，都是一项系统工程和老板工程，已超出库存管理的范畴。本书只进行一些简单的介绍，不做专门讲述。

端到端流程

流程支撑了企业向客户输送价值，流程是赚钱的管道。流程不通，就会耽误企业赚钱。

对于库存管理来说，如果流程不通，就无法完成订单，就不能让客户满意。这样就无法实现客户层面的订单完成率、订单退货率、供应链响应时间三项指标。客户层面的指标完不成，财务指标乃至企业目标（战略）的实现，大概率也是一句空话。

图 0-6 是一个端到端的供应链管理流程，从预测客户需求到满足客户需求。

中台型组织

流程是由一个个任务组成的，要完成这些任务就需要设置岗位，配上合适的人。要管好这些人，就需要建立组织。

供应链流程：从预测客户需求到满足客户需求

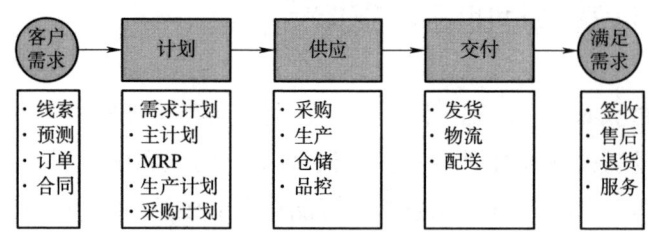

图 0-6　供应链端到端流程

组织适配流程，对端到端的结果负责。

企业领导人及库存管理第一责任人需要回答：库存管理组织承担的企业流程是哪个部分，能起到什么作用？隶属哪个部门，主管领导是谁？内部有哪些部门，是谁的主管领导？与其平级的部门都有哪些，分工协作关系是怎么样的？组织里的大小事情是怎么决策的？是怎么沟通的？谁和谁沟通？最后又由谁拍板？组织里的规则是谁定的，为什么这样定？

对于大多数企业尤其是中小型民营企业来说，库存管理建议采用中台型组织。

流程型信息系统

好的信息系统能将经验与流程，方法与模型固化，降低人性弱点的影响，并成百上千倍地提升管理效率。

从 MRP、ERP 到 WMS、MES、APS，供应链相关的软件不少，并逐渐进化，越来越先进，功能也越来越专业，越来越强大。但是，相对于目的或目标来说，信息系统只是实现目标的工具。我们需要的不是特别好的信息系统，而是能解决问题，能实现目标的信息系统。对于管理来说，适合的、有效的就是最好的。

流程是信息系统的基础。流程没理清楚，流程没跑通，信息系统上线运行，很可能是人为系统服务，而不是系统为人服务。

企业的供应链管理，或以供应链管理为核心竞争力的企业，建议采用流程型信息系统。

指标篇 库存管理的平衡指标

财务	库存的投资回报	库存周转率	库存呆滞率
客户	及时交付率	订单完成提前期	供应链响应时间
内部业务流程	发货准确率	备货提前期	订货提前期
学习与成长	员工满意度	员工保持率	供应链人效

第1章　库存管理的财务指标

库存是对"满足客户需求"的投资。这一投资的成果如何？序中提到过，我们可以从收益性、流动性、安全性三个方面，用以下三个财务指标来衡量：库存的投资回报（收益性）、库存周转率（流动性）、库存呆滞率（安全性）。

1.1　对齐战略的财务指标：库存的投资回报

如果评选企业吵架最多的会议，"产销协调会"可能榜上有名。销售指责供应链发不出货，盲目生产，卖得好的没有，卖得不好的一大堆。供应链呢？则指责销售预测不靠谱，小单、杂单、急单，弄得供应体系一团糟……

站在销售的角度，更多关注的是市场、是业绩。对他们来说，最优选择是穷尽所有可能带来业绩增长的办法。比如，不停地上新品；再比如，不管多大的单，不管多急的单，对销售来说都是"肉"，并且可能是未来更大的"肉"，最好是见单就接。

站在供应链的角度，更多关注的是交付，是效率，是成本。对他们来说，最好有准确的预测；最好是接大单或可以合并生产的订单，这样能够有效地利用产能，在满足交付的同时，提升效率，降低成本。

站在各自的角度，销售和供应链都没有问题，但却往往造成最坏的结果，就如不停吵架的产销协调会，这正是销售与供应链的囚徒困境[①]。怎

[①] 囚徒困境，即个体选择最优，但却造成集体结果最差的现象。

么办？如何打破囚徒困境？

1.1.1 库存控制四大核心指标的缺陷

在《库存控制实战手册：需求预测+安全库存+订货模型+呆滞管理》一书中，许栩提出了库存控制的四大核心指标（即：①最基础的及时交付率；②体现库存管理价值的库存周转率；③体现库存控制能力和水平的呆滞率；④反馈管理效率的部门费率），试图解决这个问题。

站在供应链的角度看这四大核心指标，既满足交付，又控制库存，还能降低成本。但是，如果跳出供应链，从老板和财务的角度来看供应链[①]，就会发现这四大核心指标存在缺陷。

第一个缺陷，没有对齐企业战略和企业目标。库存管理，是企业战略执行的一个环节，库存管理是为企业战略服务的，如果单纯地从供应链出发，很可能供应链目标实现了，但企业目标没达成，甚至南辕北辙。比如，企业战略是快速打开市场，如果供应链盯着呆滞或库存周转，就很可能让企业战略走偏。

第二个缺陷，这四大核心指标无法真正打破销售与供应链的囚徒困境。尽管四大核心指标中有及时交付率，似乎已经考虑到了客户的问题。但是，这是站在供应链立场的及时交付率，没有销售视角，更没有站在客户的角度考虑问题。这样最终的结果无法与销售一致，没有办法与销售打通，也就无法打破囚徒困境。

比如，一些加急的订单、一些小单、一些定制的订单、一些难做的订单、一些杂单，供应链更多去做的是拼命地劝销售，或者去要求销售不要接这些小单，或者要求急单一定要留够交付时间，要求销售尊重提前期的刚性等。

企业的绩效，是所有部门共同努力的成果。而能否取得绩效成果，则取决于我们最终客户的认可。

客户怎么认可？"花钱买单"才是真正的认可。也就是说，销售出

[①]在本书的定义中，所谓老板的角度，指眼睛盯着客户和市场；所谓财务的角度，指眼睛盯着回报和风险。

去，钱收回来，企业的绩效才能实现。所以，供应链的眼睛，供应链的目标，要对齐企业的绩效（客户花钱买单），要对齐企业的战略目标（获取回报），这样才能真正地打破囚徒困境。

那么，用什么来对齐战略目标？拿什么来打破囚徒困境？下面所讲的"库存的投资回报"就是一个有效工具。

1.1.2 为什么是库存的投资回报

库存的投资回报计算公式是：**库存的投资回报＝（收入－成本）÷库存**。

上面提到，库存控制的四大核心指标的第一个缺陷，是没有对齐企业战略。企业的战略是什么？不同的企业各不相同。有的是为了规模（收入），有的是为了利润，有的是为了现金流或现金流的利润，不一而足。

不过，对于大多数企业尤其是民营企业来说，企业最终的目的还是获取回报。所以，可以简单地认为，对齐战略，就是要获得回报。

从"库存的投资回报"计算公式可以看出，库存的投资回报衡量的是每一单位库存为企业带来的收益，也就是每一单位库存能够赚多少钱，能获得多少回报，这就对齐了企业战略与企业目标，解决了四大核心指标的第一个缺陷——如果"库存的投资回报"计算区间是一个月，那就是每一单位库存一个月为企业带来的回报；如果"库存的投资回报"计算区间是一年，那就是每一单位库存一年为企业带来的回报；以此类推。

另外，在"库存的投资回报"计算公式中，"收入"指的是有效产出带来的收入。什么是有效产出？

高德拉特在《目标》中指出："有效产出就是整个系统透过销售而获得金钱的速度……是透过销售，而不是生产。假如你生产某样东西，但是却卖不出去，这就不是有效产出。[①]"

对于供应链来说，卖出去的才是有效产出（因为卖出去了，才能有回报）。没有卖出去的都是库存。

[①] 引用自艾利·高德拉特和杰夫·科克斯 2012 年 4 月在电子工业出版社出版的《目标（第 3 版）》。

在"库存的投资回报"计算公式中,库存是分母,如果卖不出去,库存多了,分母就会加大,势必降低库存的投资回报。这就打通了供应链与销售,解决了四大核心指标的第二个缺陷,打破了销售与供应链的囚徒困境。库存的投资回报,可以说是库存管理的唯一指标,库存管理的所有重点和重心,都由这个指标而来。

接下来我们把"库存的投资回报"计算公式展开,详细介绍具体的计算方法。

1.1.3 收入的计算方法

库存的投资回报 =(收入 – 成本)÷ 库存。前面提到,库存的投资回报中的"收入"以有效产出来计算,有效产出就是实际销售数量计算的产出。所以,收入的计算公式为:**收入 = $\sum$(实际销售数量 × 企业内部约定的单价)**。

公式中,实际销售数量很好取数,直接从 ERP 或相关销售表格中导入即可。

"企业内部约定的单价"是什么呢?为什么不用实际的销售单价呢?这主要从"可控"的角度考虑。

在绩效考核中,有一个"可控性原则",即被考核人能够控制考核他的指标,或者说被考核人所采取的努力,能够对考核他的指标产生重大的影响。否则,考核没有意义,反而可能适得其反。

比如,如果对物控部门考核库存周转率(现在还有不少企业就是这么干的),就需要问问,公司的库存,物控这个部门能控制得了吗?那些新品卖不动造成的库存,公司为了投机而囤积的库存,物控能控制得了吗?还有,对库存影响巨大的采购提前期,物控能够控制得了吗?如果物控都控制不了,那么,考核物控部门的库存周转率,就没有任何意义。并且可能会适得其反,比如,为了库存周转率达标,利用各种规则在库存上做手脚。

本书的思路是,如果某项收入或费用,供应链可以控制的,以实际价格(数据)计算,不可控制的,用内部约定的价格计算。

对供应链来说，销售业绩中的销售单价是不可控的因素，我们这里用"企业内部约定的单价"将不可控制的因素排除在外。这样做有两个好处：第一是便于评估绩效；第二是让大家有统一的语言，有了统一的语言，就可以有效沟通，快速达成共识，从而提高管理效率。

那么，内部约定的单价如何约定呢？简单点来说，只要企业内部说好、达成共识就行，不需要很精准。在初步财务数据的基础上①，大家统一确定一个数，达成共识就行。当然，也别定得太离谱，太离谱的话，后续差异分析的工作量巨大。

价格用"企业内部约定的单价"，那为什么数量用"实际的销售数量"呢？销售数量供应链能够控制吗？

销售数量看起来与供应链无关，但事实上，供应链是影响销量的关键因素之一。比如，提升交付水平，提高供应链柔性，提高产品质量等，与销售数量和销售业绩息息相关。并且，更重要的是，供应链在销售数量方面，反向的影响极为明显。如果供应链交付水平不行，产品质量不好，就会降低或大幅度降低销售业绩，并可能会带来长久的负面影响。

打破生产与销售的囚徒困境，其中一个介质就是销售数量（即有效产出）。大家一起发力，一起创造有效产出，一起实现企业获取回报的目标。

库存的投资回报的分子是"收入-成本"，收入等于实际销售数量乘以企业内部约定的单价。成本如何计算呢？对于供应链来说，库存的投资回报中的成本，主要是采购成本和运营费用，即**成本 = 采购成本 + 运营费用**。

采购成本和运营费用如何计算？接下来分别说明。

1.1.4 采购成本的计算方法

采购成本主要由两部分组成。**采购成本 = 原材料成本 - 账期收益**。

---

①初步财务数据，指根据理论计算的数据，如成本加成等。以数据为基础再拍脑袋，一定要有个初步数据，哪怕是预估的数据，这一点很关键。

原材料成本

产品的物料清单及用什么原材料，在哪家供应商采购，一般由研发或技术决定，供应链控制不了；原材料价格受很多因素的影响（比如市场供需因素），供应链也控制不了。所以，原材料的成本，对于供应链来说属于不可控的。既然不可控，原材料价格就用内部约定的单价来计算。

原材料成本，除了原材料价格，还包括从供应商到我方仓库的物流费用、采购过程中的装卸搬运费、税费和保险费用等。为简化操作，建议将这几项加上采购单价整体打包，一起内部定价，按照内部的约定价格来计算。

账期收益

供应商账期（即应付账款）本质上是我方免费占用供应商的资金，这项资金的占用成本，对我方来说，就是一项收益，这里称为账期收益，是采购成本的一个减项。

账期收益的计算公式：**账期收益 =（应付账款增加额 - 预付账款增加额）× 企业预期的投资回报率 - 欠款引起的涨价或折扣损失。**

应付账款增加额与预付账款增加额，以账上期末、期初余额计算。

企业预期的投资回报率，是老板投入资金的预期回报（老板投资是需要回报的，一般高于同期银行利息）。

欠款引起的涨价或折扣损失，是因为账期长而引起供应商涨价的损失，或放弃供应商给的折扣而带来的损失。

关于原材料价格与账期，提醒一点：我们与供应商是共赢关系，而不是博弈关系，至少不是零和博弈关系；不管是账期还是价格，双方拒绝博弈，保持合作，不仅能与供应商共赢，也能减少供应链自身的麻烦，提升整条供应链的整体竞争能力。

1.1.5 运营费用的计算方法

企业内部供应链职能范围不同,运营费用包含不同。比如,供应链不包含生产,那么,运营费用就需要剔除与生产相关的费用。

从采购到交付这整个环节来看,运营费用包括人工成本、固定资产折旧、管理费用、售后费用、库存占用的资金成本、呆滞成本与次废品损失、公司其他部门提供的服务付费等。

人工成本

人工成本 = $\sum$(实际人数 × 内部约定的基线工资) – 额外的人工投入。

工资的绝对值既受国家最低工资标准的影响,又受老板思维及企业战略的影响,每个人拿多少钱不是供应链所能控制的,是不可控项,所以按"内部约定的基线工资"计算。但用多少人是供应链能够控制的,所以以实际人数计算。

基线工资的构成,不仅仅是拿到手的薪金奖金、各种各样的补贴津贴,还有企业提取的或者企业产生的福利费,企业为员工交的社保、职工教育经费、劳动保护费用,以及一些住房费用和其他人工支出等。在约定基线工资时,为简化操作,可以将以上整体打包,一起约定。

人工成本有时候有一些例外,有时会因一些特定的需要(如战略储备人才,为应对旺季而提前增加的人等),而产生与主体业务无关或关联性不强的人工投入,这部分我们称为额外的人工投入,为人工成本的减项。

比如,淡季的时候,对于业务本身来说,人是多的,但这些人不能离职,如果离职了,到旺季的时候可能会招不到人,因此有时候企业会在淡季时养一些人,这些人的成本为额外的人工投入。再比如,为了培养人才而多招的人。

如果将这些额外的人工投入也算到运营费用里面去,那么供应链很可能会尽一切可能剔除这些"额外"的人,更没有动力去养这些额外的人。我们都知道,"平时不烧香,急时抱佛脚"不可取,培养人才、为旺季储备人才非常重要，也非常有必要，所以额外的人工投入需要作为人工成本的减项。

固定资产折旧

固定资产中，厂房、仓库、设备的折旧，对供应链来说一般也是不可控的，以内部约定的单价（或租金）来计算。

厂房、设备等固定资产单价（或租金）的约定，有一个常见的争议，即是以使用时间（面积）计算，还是以产出量计算？

这个也需要事先约定，讨论并协商一致。

用时间、面积还是用数量计算，依不同的管理意图而确定。比如，设备折旧，如果企业更关注设备的有效利用，可以选择按时间计算；如果企业的设备产能本来就是富余的，那最好按产量计算，做了 100 个，就按 100 个算钱。

管理费用

管理费用涉及的明细项目特别多，比如生产所用的水电费、管理人员的通信费、交通费，还有一些会务费、招待费、办公费用，相关人员的差旅费，也包括劳保用品、低值易耗品和包装物等。这些项目大多数是可控的，但也有少部分不可控（比如劳保用品价格受市场影响）。为了简化计算，降低管理成本，管理费用建议不区分可控与不可控，全部以实际产生的计算。

供应链管理费用的计算，财务有完整的数据，不用供应链自己动手。

以上采购成本中的材料成本，运营费用中的人工成本、折旧与管理费用，就是人们常说的（也就财务比较常说的）料工费。本书讲的是整体的运营费用，用的是大成本的概念，不仅仅是料工费，还有其他的成本和费用。

这些其他的成本和费用，目前大部分企业的财务没有计算，接下来逐一进行介绍。

售后费用

这里的售后费用仅指因供应链原因造成售后而产生的费用（比如交付不及时造成的退换货费用，质量不符合要求造成的退换货与赔偿费用等），那些因为销售原因（如服务不到位）而产生的售后费用，不在售后费用计算的范围。

售后费用以实际发生额来计算。主要包括退款、退货损失、不能及时交付而额外产生的加急费用（运费与装卸等）、赔偿与罚款等。

售后费用里，有一个减项，即退货的残值（即用残值收入减去处理费用）。

除此之外，售后费用还应包括因为不能及时交付，或者质量问题而造成的订单及客户损失。比如，因不能及时收到货，这个订单客户不要了，这个订单的利润就损失了；更严重的是，可能会失去这个客户。

关于客户丢失的损失，具体的算法，即建议按第一年60%、第二年30%、第三年10%的权重计算客户未来三年的利润，确认客户丢失的损失。

库存占用的资金成本

做出来没卖掉的库存，占用了公司大量的资金，需要计算这些资金的成本。

库存占用的资金成本计算公式：**库存占用的资金成本＝平均库存金额×企业预期的投资回报率**。

库存占用的资金成本为什么不按银行利率计算，而采用企业预期的投资回报率呢？很简单，老板投入的钱是要回报的，他要的回报不仅仅是利息收入（那样还不如直接存银行）。

平均库存金额的计算，下一节将进行详细介绍。

呆滞成本与次废品损失

呆滞成本与次废品损失以实际发生计算，损失原值加上处理这些损失的费用，再减去一些残值收入。

计算公式为：**呆滞成本与次废品损失 = 库存贬值损失 + 低价处理损失 + 库存报废原值 + 处理费用 – 残值收入**。

企业其他部门提供的服务付费

供应链使用了其他部门的服务，不能白用，需要付费。

电脑坏了，IT 部门帮忙修，不能白修，供应链用了 IT 部门的服务，就要给 IT 部门付费。设备坏了，需要工程设备部（如不属于供应链）的服务，就要向工程设备部付费。企业总部的人力资源给供应链进行的一些培训，以及供应链的管理人员请的外部专家的培训，这些费用都要计算在内。

不过可惜的是，这部分费用被大多数财务和供应链管理者忽略，造成这些费用失控，或不能取得有效的回报。

这些服务如何计算呢？如果服务是企业内部提供的，可以按照内部约定的价格来进行（如按次数或者按时间来计算）。如果服务是外请的，则以实际发生的数额计算即可。

1.1.6 库存的计算方法

库存的投资回报 =（收入 – 成本）÷ 库存。以上分别介绍了收入与成本（采购成本、运营费用）的计算方法，而作为分母的"库存"，指的是一定时间内的平均库存。关于平均库存金额的计算思路与方法，下一节将详细介绍。

库存，看起来是供应链在控制，但在实际场景中，有一部分库存是供应链无法控制的，比如定制库存、新品库存、投机库存等。如果评估企业的整体绩效，这部分库存应该正常计算，但如果是评估库存管理的绩效，这部分库存宜从分母中刨除。

供应链无法控制的库存，一般是由企业战略决定，需要从战略层面进行取舍。关于库存战略，将在实战篇的第 5 章详细介绍。

综上，库存的投资回报计算公式，如图 1-1 所示。

库存的投资回报 =（收入−成本）÷ 库存

➤ **收入** = ∑销售数量×内部约定单价
➤ **成本** = 采购成本 + 运营费用
　·**采购成本** = 原材料成本−账期收益
　·**运营费用** = 人工成本 + 固定资产折旧 + 管理费用 + 售后
　　　　　　　费用 + 库存占用的资金成本 + 呆滞成本与次废品损失 +
　　　　　　　公司其他部门提供的服务付费等
➤ **库存** = 日平均库存

图 1-1　库存的投资回报计算公式

1.2　体现资产效率的财务指标：库存周转率

库存管理的三个财务指标是库存的投资回报、库存周转率和库存呆滞率。库存的投资回报对应着收益性，周转率对应着流动性，呆滞率对应着安全性。

库存周转率不仅体现着库存的健康程度，还体现着企业的库存管理水平，更重要的是，体现着企业资产或企业现金的周转效率，关乎现金流安全。

1.2.1　库存周转与现金流

库存周转的作用

史蒂芬·柯维的《高效能人士的七个习惯·25 年企业培训精华录：领导力精要》中有一个小故事，大概是这样的。

我和一位用手推车卖衣服的女人攀谈，我问她哪儿来的钱购买货物。她说是借的，每月的利息是 2.5%。一个学生快速计算了一下，2.5% 乘以 12 个月，也就是说年利率是 30%。女商贩纠正说，通过利滚利，一年的利率差不多接近 34%。

那她所赚的利润是多少？仅有 5%。因此我们想问的是，她是如何在依赖借贷的前提下，坚持到现在的呢？她对我的愚蠢问题感到不耐烦，用左手托着右肘，在空中画了几个圈，她的意思就是周转——库存的周转，货物的循环。

她清楚地知道，要想获利只有两个办法：利润和周转。如果一件衬衫卖10美元，那么她只赚50美分。为了支付贷款利息和重新进货，她必须每周每天都不停地卖货，卖得越快，她积累的5%也就越多。周转率的意思是货物周转的时间长度。想象一下，原材料在工厂被加工成产品，然后产品从货架上卖到消费者手中，这就是货物的周转。

可见，这就是库存周转的作用，也是资金利用效率的体现。库存周转，就是货物必须快速通过公司，到达顾客手上，越快越好。

库存周转与现金天数

企业的营运过程（本书所指的是有库存管理职能的企业），可以分为两条线：一是从采购到付款，二是从销售到收款，如图1-2所示。

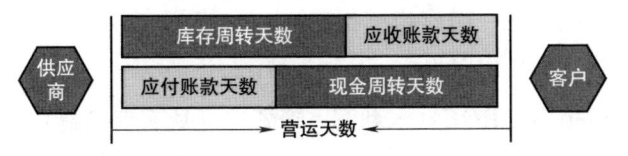

采购到付款（现金来源）：营运天数＝应付账款天数＋现金周转天数
销售到收款（现金占用）：营运天数＝库存周转天数＋应收账款天数

现金周转天数＝库存周转天数＋应收账款天数－应付账款天数

图1-2 库存周转与现金流

从采购到付款，是指企业购入商品（库存），形成应付，约定的应付天数（应付账款账期）到期后，向供应商支付货款。如果是现款现货，那么应付天数为零。如果是先付款（预付）后收货，那么应付天数为负数。

从销售到收款，是指企业售出产品（库存），形成应收，约定的应收天数（应收账款账期）到期后，收取客户货款。如果是现款现货，那么应收天数为零。如果是先收款（预收）后发货，那么应收天数为负数。

从采购到付款、销售到收款两条线，都可以计算得出营运天数。

营运天数 = 应付账款天数 + 现金周转天数。——公式 1
营运天数 = 库存周转天数 + 应收账款天数。——公式 2
根据公式 1 和公式 2，可以得出：

现金周转天数（现金周期）= 库存周转天数 + 应收账款天数 – 应付账款天数。——公式 3

现金周转天数越长，需要企业投入的钱就越多，天数越短，需要投入的钱就越少。从公式 3 可以看出，库存周转得越快，就越能减少现金周转天数，释放现金流，减轻企业资金压力，减少企业对钱的需求，或让企业有更多的钱投入到战略方向。

库存周转管理的价值

站在企业经营的角度，企业存在有一重要目的就是给股东带来回报。股东投资带来的回报，可以用净资产回报率（或称股东权益报酬率，return on equity，ROE）来衡量。所有者权益与股东权益实质上是没有区别的，只是叫法不同。净资产回报率（或称净资产收益率）可简单理解为老板投入资金的投资回报率。

净资产回报率（ROE）= 利润 ÷ 净资产（所有者权益）。如图 1-3 所示，按杜邦方法，**净资产回报率（ROE）= 利润 ÷ 所有者权益 =（利润 ÷ 销售收入）×（销售收入 ÷ 总资产）×（总资产 ÷ 所有者权益）= 销售利润率 × 资产周转率 × 权益乘数**①——其中，销售利润率和资产周转率，就是上面故事中那位卖衣服的女人所清楚知道的利润和周转。

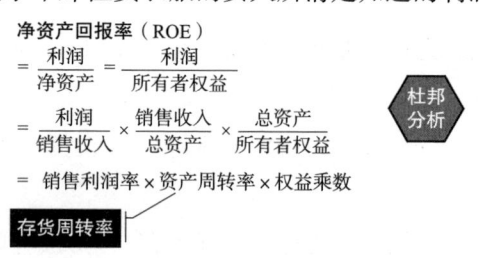

图 1-3 杜邦分析

---

①引用自孙湛 2019 年 12 月在经济科学出版社出版的《战略财务管理》。

从以上公式可以看出，净资产收益率与利润率、资产周转率、权益乘数三个指标成正比，提升这三个指标，都可以提升净资产收益率。但在企业实际运营中，利润率总有上限，受多种因素制约，在模式既定的情况下，利润率的提升空间有限。权益乘数，也称为财务杠杆，是把双刃剑，存在较大的风险，也不宜过度提升。

在这三个指标中，提升空间最大的是资产周转率。库存（存货）是企业资产的重要组成部分，在交付要求越来越快的今天，在理想按订单生产但实际永远是备货型生产的今天，库存周转的加快，同步带动资产周转的加快，从而提高企业的投资回报率。库存（存货）占资产的比重越大，库存周转率提升的作用就越明显，成倍提升就越可能实现。

这正是供应链库存周转管理的价值，也应该是库存周转管理的最终目标。

1.2.2 库存周转率计算公式及公式参数设定

库存周转率（inventory turnover，ITO），是衡量一定时期内库存商品周转速度的比值[①]。根据这个定义，库存周转率怎么计算，似乎没有什么争议，即：**库存周转率＝一定时期内的出库总量÷平均库存×100%**。

这个计算公式看起来非常简单，但是，如果公式的几个参数选定的方法不一样，结果可能会不一样，有时甚至大相径庭，比如出库总量按数量还是按金额，其计算结果完全不一样。那么，库存周转率公式的参数到底如何设定，库存周转率到底如何计算才更合理呢？这需要回答三个问题。

第一个问题，分子分母用什么单位

库存周转率的计算，简单地说，就是出库量除以库存量。这时，就出现了第一个问题，出库量和库存量用什么单位来衡量呢？是用数量还是用金额？

本书的建议是，库存周转率的计算，不管是出库量还是库存量，都建议使用金额而不建议使用数量。

---

① 引用自 GB/T 34431—2017《库存积压商品流通术语和分类》。

为什么不建议使用数量呢？因为库存最小存货单位（stock keeping unit，SKU）众多，各 SKU 规格不同、计量单位不同、价格也不相同。如果用数量计算的话，最大的问题是无法进行汇总（不同单位的数量是无法相加的），或汇总起来意义不大（不同价格的数量相加没有多大意义），自然也就无法进行比较与分析，无法直观反映库存管理水平。

当然，如果我们只计算特定的某一个物料的库存周转率，可以使用数量。另外，如果仓库库存物料的单位完全统一，或可以换算为统一单位的，也可以使用数量。比如，有的企业做单一类型的产品，可以换算为吨位，或统一标准箱数、标准件数，在这种情况下，可以使用数量计算库存周转率。

不管用数量还是用金额，分子分母最好一致。如果是数量，那分子分母都要用数量，如果用金额，分子分母就都用金额。

第二个问题，分母怎么计算

在库存周转率的计算公式中，分母是一定时间段内仓库的平均库存。仓库平均库存怎么得出的呢？最常见的算法是：**仓库平均库存 =（期初库存 + 期末库存）÷2**，或者**年度平均库存 = 每月库存之和 ÷12**。

我们不太建议采用这种常见方法来计算平均库存。因为这个算法只计算期初期末两天，有非常大的偶然性，不能反映真正的库存水平，或者干脆说不准确，很可能给管理带来误导。

另外，这种算法很容易被人为操控，根据各种目的调节或控制。比如，物控经理为了让"库存周转率"这个指标好看一些，月末到的货，下月初才办理入库。或者干脆不让供应商月末送货……弄得那几天催货的、改单的、加急的，一地鸡毛……图 1-4 是一个供应链管理群的聊天记录。

图 1-4　关于库存周转计算的聊天记录

因此，本书不建议用期初加期末除以 2，或每月库存之和除以 12 的算法计算平均库存，本书建议平均库存采用"每日实际库存的平均数"，即以每日的库存求平均。这样可以有效避免计算的偶然性，也能防止人为操控，并且基本不用增加工作量（系统自动解决或 Excel 一个极其简单的"求平均"函数就可以解决）。

第三个问题，分子如何确定

库存周转率计算公式中，分子是出库总量。出库总量放到整个企业层面，一般指的都是销售出库总量。那么，问题来了，分子使用的是销售成本还是销售收入呢？

本书建议分子使用销售成本，不建议使用销售收入。为什么呢？可以简单直观地来解释。分母，即平均库存的金额，是按照仓库内各种物料的价格或单位生产成本，乘以库存数量并汇总得出的。也就是说，分母是用成本计算的，用的是原材料和成品的总成本。既然分母是成本，那么，分子自然也需要是成本。否则，分子分母不可比。

有不少管理者喜欢使用销售收入总额做分子，这样的话，除了使库存周转率虚高变得好看一点儿以外，没有任何实际意义。使用销售成本做分子进行计算，才能更准确地反映库存周转水平。

库存周转率计算实例

回答完以上三个问题，我们来看一个库存周转率计算的实例，如图 1-5 所示。

已知某企业7月份：
- 销售1 200万元
- 平均销售成本率70%
- 7月1日库存550万元
- 7月31日库存600万元
- 每日平均库存800万元

按销售金额、期初期末平均库存
1 200 / [（550+600）/ 2] × 100% = 209%

按销售成本、每日平均库存
1 200 × 0.7 / 800 × 100% = 105%

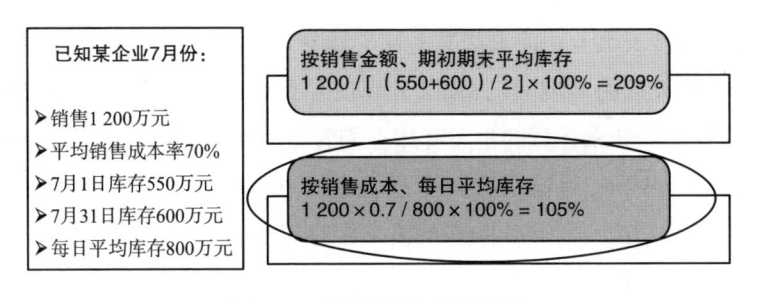

图 1-5 库存周转率计算实例

某企业 7 月份销售 1 200 万元，仓库 7 月 1 日库存总额 550 万元，7 月 31 日库存总额 600 万元，全月每日库存金额平均值为 800 万元，另外，该企业平均销售成本率为 70%。

根据以上条件，分子按销售成本、分母按每日库存平均计算，这个企业的月库存周转率 = 1 200 × 0.7 ÷ 800 × 100% = 105%。而从图 1-5 中大家可以看出，如果采用销售收入总额及期初、期末平均库存算法，库存周转率为 209%，这明显虚高。

库存周转率与库存周转次数、库存周转天数的异同

与库存周转率一起出现的往往还有两个概念：库存周转次数和库存周转天数。

库存周转次数和库存周转率的值是相等的，几乎可以说是同一个概念。但唯一不同的是，库存周转率用百分比表示，而库存周转次数直接用数值表示，即库存周转次数的计算公式没有"×100%"，其他与库存周转率的计算是一模一样的。

库存周转率（%）= 出库成本 ÷ 平均库存 × 100%

库存周转次数（数值）= 出库成本 ÷ 平均库存

按图 1-5 的例子，该企业月度库存周转率是 105%，那么月库存周转次数就是去掉"×100%"，即：月库存周转次数 = 1 200 × 0.7 ÷ 800 = 1.05（次）。

库存周转次数和库存周转率是一样的，库存周转天数则相反，它和库存周转率存在一定的倒数关系。

库存周转天数 = 期间总天数 ÷ 库存周转率

期间总天数的"期间"，如果计算的是月度库存周转率，那么期间总天数为 30 天；如果计算的是年度库存周转率，那么期间总天数为 360 天。

按上面的例子，如果月度库存周转率为 105%，那么，库存周转天数 = 30 ÷ 1.05 ≈ 28.6 天。即每 28.6 天整个库存就周转一次，或者说，库存周转一次需要 28.6 天。

1.3　衡量库存自身安全的财务指标：库存呆滞率

库存投资的安全，包括现金流安全和库存自身的安全。

现金流安全，简单点儿说，就是企业把钱投到库存上，造成其他地方没钱用。库存占用引起的现金流安全，严重的可能造成企业现金流断裂而倒闭。从投资的角度来看，现金流安全体现为流动性，可以用库存周转率来衡量。

库存自身的安全，主要包括库存跌价减值、库存临期处理和库存过期报废而造成的损失。这三方面的损失原因其实就是一个——库存太多而造成呆滞。库存呆滞率是衡量库存自身安全的关键指标。

1.3.1　什么是呆滞库存

呆滞库存，是指那些使用量很少、暂时不使用或者永远没有机会使用的库存。

呆滞库存包括"呆"库存和"滞"库存两类。"呆"库存，是指暂时不用或者永远没有机会使用的库存，比如废弃的库存，被淘汰的库存，过时的库存等。"滞"库存，是指在使用但使用量很少的库存，比如多余的库存，过度的库存，额外的库存等。

正常库存、多余库存与呆滞库存

正常库存，是企业为满足日常经营需要和合理周转而储存的商品[①]。按这个定义，正常库存有两个特点：

（1）满足日常需要；

（2）合理周转。

不是正常库存的，一般称为多余库存。按上面的定义，多余库存也有两个特点。

特点一：不是为满足日常经营需要而持有的库存。

[①] 引用自 GB/T 34431—2017《库存积压商品流通术语和分类》。

比如，安全库存（是为了应对意外和不确定性而持有的库存）、投机库存（是为了获利进行价格投机而持有的库存）、季节性库存（是为了应对季节性特殊需要而提前持有的库存）等。

特点二：不合理周转的库存。

比如，远大于日常消耗的库存，不流动或流动慢的库存。

有不少人认为呆滞库存就是多余库存，这是一个经验性的错误。呆滞库存不等于多余库存。呆滞库存指用量很少、暂时不用或永远不用的库存，属于多余库存的第二个特点。也就是说，呆滞库存是多余库存的一个类别，多余库存包括呆滞库存。比如，安全库存是一种典型的多余库存，但不能说是呆滞库存。

1.3.2 如何确定呆滞库存

呆滞库存指用量很少、暂时不用或永远不用的库存。那么，"用量很少"，多少才是"很少"呢？"暂时不用"，"暂时"是多长时间呢？这些需要提前确定，确定了这些标准，才能确定到底哪些是呆滞库存。

呆滞库存新的定义

有不少人认为，呆滞库存就是过去一段时间没有使用或使用量很少的库存，比如将过去三个月没有用到或用量很少的库存认定为呆滞库存，这个说法值得商榷，至少是不全面的。于是，《库存控制实战手册：需求预测＋安全库存＋订货模型＋呆滞管理》一书中曾提出呆滞判定的三种方法：往后看、往前看和往内看，即从过去、未来和当前三个维度来判定呆滞库存，如图1-6所示。

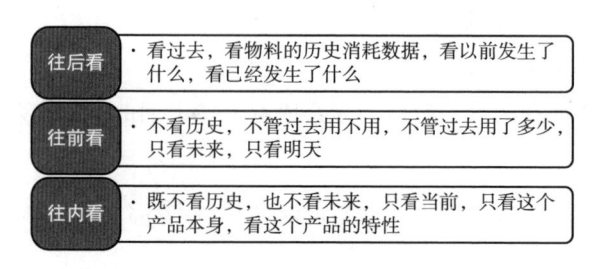

往后看	·看过去，看物料的历史消耗数据，看以前发生了什么，看已经发生了什么
往前看	·不看历史，不管过去用不用，不管过去用了多少，只看未来，只看明天
往内看	·既不看历史，也不看未来，只看当前，只看这个产品本身，看这个产品的特性

图1-6 确定呆滞库存的三种方法

但是，近两年来，我们觉得四年前提出的这三种判定方法似乎不太贴切，并略显复杂。

那么，到底什么是呆滞库存？我们在这三种判定方法的基础上，提出一个新的定义：呆滞库存，是指未来不使用或使用量很少的库存。

也就是说，呆滞库存判定的窗口是"未来"，与过去无关。只要未来一定时间内能使用完成的库存，就不是呆滞库存，不管之前多久没用；而未来一定时间内不会使用或使用量很少的库存，不管过去用了多少，是不是爆款，都可以认定为呆滞库存。

影响呆滞判定的三个因素

呆滞库存是指未来不使用或使用量很少的库存。那么，未来是多远的未来？使用量多少才是很少呢？应考虑以下三个因素。

（1）物料的有效剩余保质期。

有效是指能在市场有效销售（产品或商品），或能够有效用于生产（半成品、原材料等）。比如，某产品保质期360天，但市场上可能超过120天就卖不动了，那么此产品的有效保质期为120天。

剩余是指库存物料的生产日期到保质期还剩下多久。比如，今天7月26日，这个产品是6月26日生产的，到7月26日，已过了30天，如果保质期是360天，那么剩余保质期为330天。

有效剩余保质期为有效和剩余的结合，本例这个产品的有效剩余保质期为：120天-30天=90天。

在有效剩余保质期内使用不完，这个产品就不能或不允许使用，这就是未来不使用的库存，判定为呆滞库存。

（2）物料的累计提前期。

累计提前期是指从材料采购到产品最终交付给客户的总时间。比如某产品生产加工需要5天，组成这个产品的原材料采购需要20天，那么这个产品的累计提前期为25天。

在一个累计提前期内能够使用完的库存，可以看作是正常库存。在一个累计提前期之外才能用到的库存，都可以认为是多余库存。

理想的库存管理方式是将多余库存都认定为呆滞库存，但考虑到管理成本和企业的实际情况。笔者建议：半成品、产成品可以将最多两个累计提前期内不能用完的库存定义为呆滞库存；原材料可以将最多三个累计提前期内不能用完的库存定义为呆滞库存。

注意，累计提前期，从采购开始到完成产品装配和测试的时间叫作累计提前期，也是指完成某项活动的最长时间。对于任意一个物资需求计划的物料项目来说，其累计提前期可以通过遍历该项物料的物料清单中各条路径来得到，即将各路径上所有低层项目提前的最大累计值定义为该项目的累计提前期，也称为合成提前期或关键路径提前期[1]。

（3）物料的未来需求量。

如果现有的库存量比未来的需求量多，这多出的库存就是未来使用量很少的库存（相对很少），判定为呆滞。比如，有一个爆款产品，累计提前期一个月，平均每日销售量1 000单位，如果这个产品库存有10万单位，按日均销量，两个月肯定卖不完。尽管这个产品是个爆款，但两个累计提前期（两个月）卖不完的那部分库存，就是呆滞库存，也就是说，爆款产品同样会出现呆滞库存。

未来的需求量一般来自客户订单和需求预测，关于需求预测，请参考《供应链计划：需求预测与S&OP》一书。

呆滞库存判定公式

综合以上三个要素，本书给出呆滞库存的判定公式：**呆滞库存 = 现有库存 - 未来需求**。其中：

产成品的未来需求 = MIN（有效剩余保质期的需求，累计提前期 × 2 的需求）[2]；

原材料的未来需求 = MIN（有效剩余保质期的需求，累计提前期 × 3 的需求）。

比如某产成品，现有库存10 000单位，有效剩余保质期90天，累计

---

[1] 引用自GB/T 25109.1—2010《企业资源计划 第1部分：ERP术语》。
[2] MIN 为Excel中求最小值函数。

提前期 25 天，未来日均需求 100 单位。

呆滞库存 = MIN（有效剩余保质期的需求，累计提前期 ×2 的需求）= 10 000 – MIN（90×100，25×2×100）= 5 000 单位。即该产成品有 5 000 单位是呆滞库存。

1.3.3 库存呆滞率的计算公式

库存呆滞率是指企业呆滞库存的占比，即企业呆滞库存金额与总库存金额的比率。计算公式为：**库存呆滞率 = 呆滞库存金额 ÷ 库存总金额 × 100%**。

比如，12 月 31 日，A 公司大盘点后，经呆滞库存判定，确认仓库呆滞库存合计金额 50 万元。假设在 12 月 31 日，该企业的库存总金额为 3 200 万元。那么，在这一年年末，A 公司的库存呆滞率 = 呆滞库存金额 ÷ 库存总金额 ×100% = 50 ÷ 3 200 ×100% = 1.56%。

计算公式中，呆滞库存金额和库存总金额都是一个时点的值，比如月末或者年末。库存呆滞率衡量的是一个时间点的库存呆滞情况，这是与库存的投资回报、库存周转率的不同之处。后两者衡量的都是一个时间段内的水平。

库存呆滞率是一个比值，以百分比的方式展现出来，其分子分母的计算单位都为金额。同库存周转率一样，采取金额便于计算、汇总与分析。

库存呆滞率是动态的（呆滞库存金额与库存总金额每一天都在变化），我们需要不停地跟踪库存呆滞率的变化状况，以加强对呆滞库存的管理，从而降低呆滞库存，减低库存呆滞率。

第 2 章 库存管理的客户指标

在客户层面，本书选取了三个关键指标来体现客户满意度：及时交付率、订单完成提前期和供应链响应时间。

2.1 满足承诺需求的客户指标：及时交付率

GB/T 25103—2010《供应链管理业务参考模型》中列出了五个供应链性能和十三个第一层衡量指标。其中，前三个性能特征是面向客户的，如表 2-1 所示，衡量这三个性能特征的指标有六个：配送性能、完成率、订单的完好履行率、订单完成提前期、供应链响应时间和生产的柔性。

表 2-1 供应链性能与绩效衡量

性能特征	性能特征描述	第一层衡量指标
供应链配送可靠性	在配送时外链的表现（7C）：正确的时间、将正确的产品以正确的质量并完整的文件资料、正确的包装和放置条件、送达正确的地点、交给正确的客户的能力	配送性能
		完成率
		订单的完好履行率
供应链的反应	供应链将产品送达到客户的速度	订单完成提前期
供应链的柔性	供应链面对市场变化获得和维持竞争优势的灵活性	供应链响应时间
		生产的柔性
供应链的成本	供应链运营所耗成本	产品销售成本
		供应链管理总成本
		增值生产力
		产品保证成本/退货处理成本

续上表

性能特征	性能特征描述	第一层衡量指标
供应链管理的资产利用率	一个组织为满足需求利用资本的有效性，包括各项资本的利用：固定资本和运营资本	现金周转时间
		供应库存总天数
		净资产周转次数

2022版《供应链运作参考模型SCOR数字标准》（下文简称SCOR DS）所列出的属性和一级指标，如表2-2所示。其中，弹性分类的前三个属性是面向客户的，衡量这三个属性的指标有完美订单履行率、供应商订单完美履行率、完美退货订单履行率、订单履行周期时间和供应链敏捷性。

表2-2 SCOR绩效属性和一级指标

分类	属性	描述	一级指标
弹性	可靠性	按预期执行任务的能力，可靠性侧重于流程结果的可预测性。"可靠性"属性的典型指标包括按时、按量、按质交付产品	完美订单履行率
			供应商订单完美履行率
			完美退货订单履行率
	响应性	任务执行的速度和供应链向客户提供产品的速度	订单履行周期时间
	敏捷性	应对外部影响和市场变化以获得或保持竞争优势的能力	供应链敏捷性
经济性	成本	运营供应链流程的成本，包括人工成本、材料成本及管理和运输成本	供应链管理总成本
			销售成本
	利润	当业务活动产生的收入超过维持活动所涉及的费用、成本和税收时实现的财务收益	息税前收益占收入的百分比
			有效税率
	资产	有效利用资产的能力和供应链中的资产战略（包括减少库存和内部采购，而不是外包）	现金循环周期
			固定资产回报率
			营运资金回报率

续上表

分类	属性	描述	一级指标
可持续性	环境	在对环境影响最小的情况下运营供应链的能力，包括材料、水和能源	使用的材料
			能源消耗
			耗水量
			温室气体排放
			产生的废物
	社会责任	根据组织的社会价值观（包括多样性和包容性、工资和培训指标）运营供应链的能力	多样性和包容性
			工资水平
			培训

2.1.1 为什么选择及时交付率

供应链的可靠性，站在客户的角度，其实就是你能够稳定地将我的订单的货按时、按质、按量地交付给我。

为什么不用"订单的完好履行率"和"完美订单履行率"

GB/T 25103 中有"订单的完好履行率"，SCOR DS 中有"完美订单履行率"，本书为什么不用这两个词（指标），而用"及时交付率"呢？

按时、按质、按量地交付，称为"订单的完好履行"或"完美订单履行"，不过，在供应链管理实践中，人们似乎更喜欢使用"及时交付率"。或者说，在供应链实战中，"订单的完好履行率"和"完美订单履行率"这两个词的曝光度不够，远没有"及时交付率"出名。

所以，本书也随大流，以"及时交付率"代替"订单的完好履行率"和"完美订单履行率"，这样更容易理解，沟通也更无障碍。

为什么不用"客户服务水平"

客户服务水平，是在供应链管理中，供应链按承诺满足客户要货需求的能力水平。客户服务水平，是指在满足客户需求方面，供应链对自己承诺的兑现能力。

这种能力水平是需要指标来衡量的，衡量指标之一就是及时交付率。这就是本书直接选择"及时交付率"的原因：选择衡量"客户服务水平"的指标，而不是直接选用"客户服务水平"。

在库存管理中，关于客户服务水平（以及衡量他的及时交付率），有必要先澄清两个误区：

（1）供应链满足的是对客户承诺的需求，而不是客户的原始需求。

什么叫承诺的需求和原始需求？比如，客户需求 1 000 件货，要求当天发出，但我们仓库里只有 300 件，剩下的 700 件生产需要 5 天，经与客户沟通，客户同意当天发 300 件，第 5 天再发 700 件。在这个场景中，"1 000 件货当天发出"是原始需求；"当天发 300 件，第 5 天再发 700 件"是承诺的需求。

在满足客户需求方面，供应链管理一般来说，只需要对自己的承诺负责，不宜也不应该要求供应链对承诺之外的需求负责。

首先，提前期有其刚性。什么是提前期？以交货日期为基准倒排计划，推算出工作的开始日期或者订单下达日期，此期间的时间跨度称为提前期①。

此期间的时间跨度，从订单下达到交货，是一个持续的过程，供应链需要经历订单处理、备货（采购、生产等）、发货运输等多个环节。过程中每一个环节都需要时间，并且往往有些环节的时间是必不可少或不能压缩的（比如生产工艺要求的时间），所以，提前期有其刚性。

从理论上讲，供应链可以准备充足的库存来解决这些刚性所带来的问题。但是，一来，客户需求千变万化，库存往往备不齐，也不可能更没必要备齐所有的库存；二来，为了使刚性变柔而准备大量的库存，这本身就是对刚性的不尊重。

其次，供应链需要重新承诺而不是满足原始需求。供应链的承诺（需要承诺的）有两种：一是临时约定马上需要兑现（比如紧急插单需求），二是一次约定长期执行（比如提前期）。

对于第一种承诺，在实际工作场景中时有发生，是一种客观性的存

---

① 引用自 GB/T 25109.1—2010《企业资源计划 第 1 部分：ERP 术语》。

在。比如客户加急，这种情况是不可避免的，在有些民营企业中，甚至是经常性或常规性的存在。当客户确实有超出提前期的紧急需求怎么办？供应链需要做的，是根据企业或供应链目前的实际情况进行分析与评估，看能不能满足客户这个超出提前期的紧急需求，然后对这个紧急的需求进行重新承诺，再按自己的承诺进行交付。

对于第二种承诺，供应链需要做的是想办法（比如谈判、提升效率、优化更新设备、给予内外供应商需求预测等）缩短采购或生产等各种前置提前期，从而缩短自己的提前期，然后根据缩短之后的提前期、供应链自身的特性和实际能力向客户重新承诺，再按自己的承诺进行交付。

另外，并不是客户在为难我们。不可否认，人有感性的一面，客户也有感性的一面。但是，更多的时候，客户是理性的，甚至是善意的，或至少是可以与之交流和沟通的。比如提前期、最小订货批量，这些问题完全可以与客户洽谈并达成一致，然后再按这个达成一致的重新承诺。

很多时候，客户和我们一样，也是一位普普通通的人。在现实世界中，客户的原始需求是可以沟通和洽谈的，经过沟通和洽谈往往可以达到双方认可甚至是共赢的方案和重新承诺。

其实，与客户沟通，放宽一点提前期，供应链通过放宽的提前期减轻供应链的压力，从而可以更好地实现对客户的承诺，可以较大幅度地提升对该客户的客户服务水平，降低客户的不确定性，从而让客户受益。

特别说明，满足对客户承诺的需求，并不是对客户的原始需求不管。恰恰相反，供应链管理的终极任务就是提升我方满足客户订单需求的能力，这里的客户订单需求，指的就是客户的原始需求。这些将在客户层面另外两个指标"订单完成提前期"和"供应链响应时间"进行详细讲述。

（2）客户服务水平（及时交付率）不是越高越好。

客户服务水平是不是越高越好，是不是100%的及时交付率是供应链的最终追求？追求当然没有问题，人总要有理想嘛，万一实现了呢？但是，就如鸡汤不能当饭吃一样，我们不能拿追求、理想来做管理。

以图2-1安全系数曲线为例。安全系数是指一定服务水平下的标准差个数，用 z 表示。

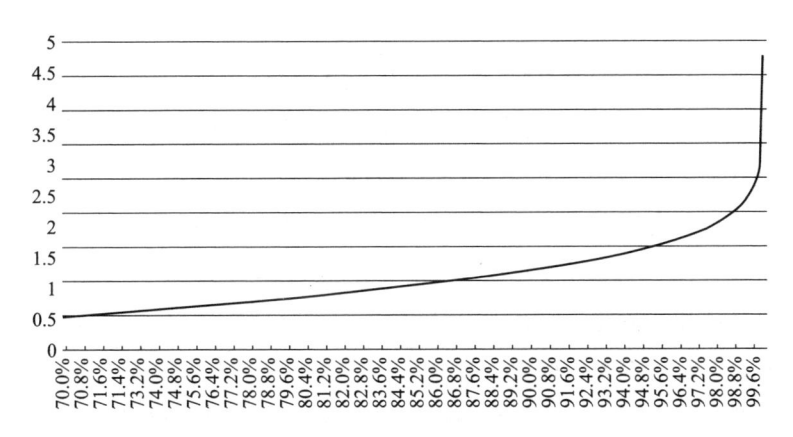

图 2-1　安全系数曲线

在图 2-3 中，横坐标是客户服务水平，纵坐标是安全系数。观察这条安全系数曲线，可以很明显地发现，客户服务水平要求越高，安全系数就越大。并且这两者关系并不是线性的，当客户服务水平达到一定程度时，安全系数几乎直线上升，呈指数级增长。这说明追求高客户服务水平（及时交付率），当达到一定的节点时，客户服务水平哪怕是提升一点点，就会要求供应链付出巨大的库存支持。

客户服务水平不是越高越好，尤其不要去追求 100% 的服务水平，这是得不偿失的。当然，也不能要求太低，否则我们连客户都没有了。

在实际工作中，客户服务水平（及时交付率）具体定多少，需要根据企业的实际情况而定，并保持动态变化。一般情况下，客户服务水平（及时交付率），我们建议的区间为 95%~99%。

为什么不用有货率

衡量客户服务水平一般有两个指标，除了及时交付率，就是有货率。

有货率，就是客户提出需求后，供应链在约定的时间内有货供应的比率，即供应链不缺货的比率。而及时交付率，则是将客户订单的货按时、按质、按量地交付到客户手中的比率。

具有客户思维的人，一眼就能看出两者的差异：及时交付率瞄准的是客户，而有货率瞄准的是自己。这正是本书选择及时交付率而不是有货率的原因。

当然，并不是说及时交付率一定优于有货率。不同的企业，不同的场景，不同的管理目的（战略），指标选择都可能不同，适合的就是最好的。比如超市或商场，显然用有货率更为合适。

另外，从有货到交付是一个过程，这个过程充满不确定性和无限可能。很多时候，不要说供应链，就算是以整个企业的力量，可能也无法控制这些过程和不确定。这时，以有货（也就是货物发出）为参照更为客观一些，以有货率为指标更为有效一些。

因此，客户层面的第一个指标"及时交付率"，可以根据企业的实际情况而调整为"有货率"。

2.1.2 及时交付率的计算

及时交付是指无错差交付，不仅仅是时间一个维度。所谓无差错，具体来说就是7C：正确的时间、将正确的产品以正确的质量并完整的文件资料、正确的包装和放置条件、送达正确的地点、交给正确的客户[1]；或者说，将符合要求的产品，在要求的时间段、要求的地点交付给正确的客户，产品包装完整，数量和质量无误，没有瑕疵，文档齐全[2]。简单地说，及时交付就是按时、按质、按量、单证齐全地将货物交付到客户手中（指定的地方）。

及时交付率是无错差交付的百分比，计算公式：**及时交付率＝无差错交付的订单数÷总订单数×100%**。

公式虽然简单，但公式的背后，却藏着企业的管理思路。因为分子与分母的单位，可以在订单金额、订单数量、订单行数或订单笔数之间选择。不同的选择，会有不同的结果。

比如，及时交付率按照订单金额计算，那么很可能供应链就会紧盯着大订单，因为一个大额订单交付不了，这个月的指标就完成不了。所以，

---

[1] 引用自 GB/T 25103—2010《供应链管理业务参考模型》。
[2] 引用自彼得·波尔斯特夫和罗伯特·罗森鲍姆2015年5月在中信出版社出版的《卓越供应链 SCOR 模型使用手册（第3版）》。

其他小单往往只能靠边站，排得上就排，排不上，那是没有办法。但是，这些排不上的小单，有时可能比大单重要得多，比如引流单。这时，企业就需要评估，如果小单一直无法及时交付，对企业会有什么影响？比如，会不会影响后面的订单成交？会不会影响这个月有些销售伙伴的收入？客户因不满意而退款的影响有多大？等等。

再比如，如果及时交付率选了按"订单行"计算，那么很可能供应链不关注客户的齐套要求，有什么就发什么。比如某个客户需要三种颜色的油漆，客户收货后自行调色使用，这时如果一个颜色缺货，供应链先发两个，及时交付率的数据是好看了不少，但客户收到了没法使用（缺一种颜色无法调色），不能为客户创造任何价值，还增加了企业的物流成本。

所以，及时交付率的算法不同（分子分母选择不同），结果不同，这一点，企业可以充分利用，作为正确的导向。比如，如果企业的战略就是要保大客户，那就可以按照订单金额计算，但如果企业的战略更关注所有客户的价值，那可能就需要选择其他的算法了。

及时交付率计算实例

某公司采用订单金额来计算及时交付率。他们的理由主要有两点：一是数据收集、统计与计算方便，并且直观明了；二是能够体现出他们的战略方向，他们的战略是聚焦重点大客户。

按订单金额计算，及时交付率的计算公式如下：**及时交付率＝无差错交付的订单金额÷订单总金额×100%**。

某月该公司客户总共需求 1 000 单，订单总金额 5 000 万元，这个月有 30 笔订单出现差错（延误交付等原因），这 30 笔订单合计金额为 1 000 万元。

该公司按订单金额计算，及时交付率 = 4 000 ÷ 5 000 × 100% = 80%。这个数据非常不乐观，属于重大异常。需要高层重视，切实分析原因，并采取措施改善。

但如果他们是按订单笔数来计算，那么及时交付率＝970÷1 000×100%＝97%。你看，及时交付率97%，算不上什么异常了（甚至还可能被认为是成绩），自然企业也就失去了改善的机会。

2.1.3 及时交付，不是快速交付

小刘是一家公司的计划主管，这两天有点儿郁闷。

前两周，他们公司一位销售经理，费了九牛二虎之力，接了一个很大的订单，客户要求一个多月后的某天交货。

因为是大单，小刘很重视。在确定客户要求的交付时间后，他逐一确认了该订单所涉及的全部物料，以及未来一段时间的生产产能空间。发现都没有问题，小刘松了一口气，计划在交付日之前的一周进行生产。

但前两天，公司那位接到这个大单的销售经理，到工厂有点儿事，顺带了解了这个订单的准备情况。当他发现这个订单的所有物料都有，但计划没有安排生产时，他非常生气，对小刘批评了一通。

销售经理主要说的是以下两点。

第一，有物料为什么不生产？今天有料，不代表明天有料，这么大的订单承担不了一点儿风险。

第二，这是好不容易拿下的大单，工厂要做的就是快速催料，快速生产，从而快速交付，以避免夜长梦多。在现今不确定的年代，不管是工厂、供应链还是公司，不讲究速度就无法生存。

小刘郁闷的原因主要有两点。

第一，双方约定了交期，做出了承诺，我可以按时送到，可以实现承诺。为什么不行？这哪里有错？

第二，要提前交付也可以，应该提前告知他，和客户说好了，可以提前生产。什么都不说，我生产出来了，到时客户不同意提前发货怎么办？将做好的货都堆在仓库吗？

及时交付，不是快速交付或提前交付

上面的案例中，双方的情况其实都可以理解。但站在库存控制的角度来看，我们觉得这位销售经理混淆了一个概念。他把及时交付等同于快速交付。库存管理追求的是及时交付，而不是销售经理所认为的快速交付或提前交付。

前文已提到，及时交付是指无差错交付，即 7C（在正确的时间、将正确的产品、以正确的质量、完整的文件资料、正确的包装和放置条件、送达正确的地点、交给正确的客户）。

不能按客户需求，拖延了交付，大家都知道，这是有差错，代表及时交付做得不好，这个指标不合格。但是，提前交付，同样也是有差错（不在正确的时间），及时交付这个指标一样不合格。

当然，延误或提前，都可以事前与客户沟通，以重新约定（重新承诺）。

问题来了，事前沟通经客户同意的延误或提前，是算重新约定后的及时交付还是延误或提前交付呢？这得看到底是不是重新约定。

是不是重新约定，按延误和提前两种情况，本书分别给出了一个简单而直观的评定标准。

（1）关于延误交付的重新约定的判定。

如果与客户沟通时，从这个时间，按正常的订货提前期，就算客户不同意，我方也能够按原约定的交期交付，这就是与客户的重新约定。如果与客户沟通时，已经延误或必将延误，这不叫重新约定，这叫采取补救措施解决问题。

（2）关于提前交付的重新约定的评定。

在生产计划下达之前与客户沟通就是重新约定。在生产计划下达之后甚至是生产出来好了之后再与客户沟通，不叫重新约定，叫解决问题。采用生产计划下达之前这个时间节点的原因是，如果客户不同意，则不安排计划，不进行生产。

这里举个例子说明及时交付和不及时交付的情况。

接到一个订单，客户要求第十天交付，经各项订单确认后，承诺按时给客户交付。我们假设库存有料，生产提前期两天，物流提前期两天，那么，关于及时交付，有以下几种情况。

①及时交付。对供应链来说，最理想的是第七天开始生产，第八天生产完成入库，第九天交付物流发运，第十天客户到货。这就是典型的按时交付或及时交付。

②延时交付。如果因各种原因，耽误了，客户第十天没收到，第十二天才到货，这是延时交付，即不能按时交付，是典型的交付不及时。

③提前交付。如果供应链第四天就开始生产，第七天货就到了客户门口，这就是标准的提前交付。

④重新约定交期后及时交付。供应链生产计划下达前，与客户沟通，提出第七天到货。如果客户表示可以，那第四天生产，第七天客户收货，皆大欢喜。

⑤重新约定延后交付后及时交付。因各种原因，预估按时交付压力及风险较大，在原计划开始之前，与客户沟通延后发货，客户同意。到时按重新约定的时间交货，这是重新约定延后交付后及时交付，不是延时交付。

2.2　满足原始需求的客户指标：订单完成提前期

订单完成提前期，反馈的是供应链的反应性，即供应链向客户提供产品的速度。

订单完成提前期，可以理解为在从接到客户订单到客户确认收到货物的时间总和，即从客户下单到交付给客户总共所花费的时间。订单完成提前期越短，供应链的反应就越快。

作为客户层面指标的订单完成提前期，是企业的平均订单完成提前期。即在企业整体层面，订单完成提前期计算的是平均数。

2.2.1　为什么选择订单完成提前期

及时交付率评估的是我方对客户承诺的满足情况，满足的是经我方承诺的需求，做得到的答应，做不到的不承诺。但问题是，我们不承诺，如果我们的竞争对手能够承诺，那么，很可能这个客户就流失了。

比如，客户要求五天交货，我们做不到，最快也得七天，这时，如果竞争对手四天就能交货，那么，在其他方面（品牌、价格、质量等）我们没有明显或特殊优势的话，这个客户很可能会倒向竞争对手，因为减少了他们三天的不确定性。

所以，做到及时交付是供应链的最低要求，我们还需要不断提升能力，让订单完成提前期保持在最合理的水平，能够给客户承诺的时间变短，从而提升企业的竞争力。

订单完成提前期体现着供应链的能力

订单完成提前期由以下六个部分组成。

（1）从收到客户订单到订单录入系统的时间。

如今网络发达，如果客户在线下单，那么这个时间约等于0。但我们也碰到过几家企业，因流程审核节点多，从客户下单到录入企业系统，需要一两天的时间。

（2）从订单录入完成到计划接到订单的时间。

同样，如果企业系统支持，录入完成就代表计划接到了订单，时间约等于0。如果企业流程审核节点多，这个时间也可能需要一两天甚至更长时间。

（3）从计划接到订单到计划安排完成的时间。

这个时间既取决于企业物资要求计划等信息系统的水平，也取决于计划人员的能力。计划安排一般有三种走向：一是成品有货（当然是有效库存，下同），生成成品发货计划或销售出库单，直接从成品仓库发货；二是成品无货，外购成品发货，生成产品请购单，按流程采购回仓库再发货或直接供应商发货；三是成品无货，安排生产，经物资需求计划运算，生成物料需求计划和车间生产计划。

（4）从安排生产（成品外购）到成品入库时间。

这个时间包括物料（成品）采购时间、领料时间、生产时间、检验时间、入库上架时间及各种排队时间。

（5）从成品入库到客户确认收货时间。

包括成品发货申请走流程的时间、物流时间（含装卸）和客户收货确认时间。

(6)从客户确认收货到安装完成时间（如果有安装的话）。

如果分批送货的话，计算时点从客户收到第一批货开始。

从以上组成可以看出，订单完成提前期几乎涵盖了供应链的全流程。要想缩短订单完成提前期，就需要全流程发力，提升供应链的能力。

关于缩短订单完成提前期的实操方法，本书第6章将详细介绍。

订单完成提前期体现着企业竞争力

供应链能力提升后，订单完成提前期就可以有效缩短。而订单完成提前期越短，越能满足客户越来越快的要货需求，从而也就越能增强企业竞争力。

除此以外，订单完成提前期对供应链和企业的价值还体现在以下四个方面。

（1）提高客户满意度。

较短的订单完成提前期代表较快的交付速度，可以降低客户库存，降低客户的不确定性，提高客户满意度。

（2）增强市场竞争力。

缩短订单完成提前期，就可以更快地适应市场变化，满足更高要求的客户需求，从而在竞争中脱颖而出。

（3）提高供应链效率，降低库存。

要缩短订单完成提前期，必须优化供应链流程、组织和信息系统，提供更准确的预测，减少各种提前期，从而降低库存，提高供应链效率和企业的盈利能力，并加快资金回笼，提高企业的资金效率。

（4）改善供应链协同。

缩短订单完成提前期有助于加强供应链各环节之间的协同，提高供应链的敏捷性和响应能力。

2.2.2 平均订单完成提前期的计算

订单完成提前期是不是六个组成时间之和

前面提到，订单完成提前期由六部分组成：从收到客户订单到订单录入系统的时间、从订单录入完成到计划接到订单的时间、从计划接到订单到计划安排完成的时间、从安排生产（成品外购）到成品入库时间、从成品入库到客户确认收货时间、从客户确认收货到安装完成时间（如果有安装的话）。

那么，订单完成提前期是不是就是这六个时间之和呢？有些企业就是这么做的，一些软件采用的也是这个逻辑。其实，这是将简单的事情复杂化了，并且走偏了方向。

为什么说走偏了方向？因为订单完成提前期是客户层面的关键指标，锚定的是客户，需要从客户视角出发看待这个指标。订单完成提前期不是六个时间的简单加总，而是从客户下单到交付给客户所花费的时间。站在客户的角度，你的订单录入时间、计划安排时间、生产时间等，和他什么关系都没有。客户关心的是，我给你下单之后，你什么时候可以交货（送货到我手中）。

为什么说将简单的事情复杂化了？因为计算从客户下单到交付给客户所花费的时间，系统可以直接统计，就算没系统，一个 Excel 表也能轻松搞定，非常简便；而六个时间的计算与汇总就会复杂得多，有时极其复杂，对统计与分析人员的要求极高，并且很容易出错。

当然，以上六个时间都非常重要，但它们更多的作用是我们优化供应链、缩短订单完成提前期的抓手，而不宜作为这个指标的计算依据。比如，按六个时间合计得出的订单完成提前期远大于客户要求交付的时间，供应链需要做的，就是从这六个时间切入，缩短订单完成提前期，从而满足客户的交付要求。

平均订单完成提前期要不要分类计算

首先，可以分类。这样更便于比较，比如苏州某公司长三角和西北都有业务，因物流速度不一样，两地的提前期有较大差异，如果在一起计算，就没法和竞争对手等进行比较和对应的分析。再比如，某公司既做标准产品，又有大量的非标业务，非标的提前期长得多，如果一起计算，意义不大，且很容易造成误导（如非标销售人员会给客户错误承诺）。

其次，有限分类。分类不要太细，类别不要太多，以减少复杂度，提升管理效率。比如，同类产品，但生产提前期不同的（专属材料的采购提前期不同），不宜分开计算平均订单完成提前期。再比如，客户齐套采购的，齐套之内的不宜分开计算平均订单完成提前期。

单个订单的订单完成提前期计算方法

要计算平均订单完成提前期，首先要算出单个订单的订单完成提前期。

单个订单的订单完成提前期似乎特别简单，甚至根本不用计算，客户哪天下单，哪天收到货，一减不就行了吗？

不错，实际中这样的场景不少，比如客户 10 日给我下单，我 18 日送到客户签收，订单完成提前期就是 8 天。

但是，实际业务场景中，可能还有其他情况。

（1）提前送货。

比如与客户 10 日下单，约定的提前期是 8 天，也就是要求 18 日交货。如果你 15 日送到了，客户也签收了，这个订单的完成提前期如何计算？

这不是 5 天吗？你可能直接这么说，毕竟，"15 - 10 = 5 天"。但是在这种情况下，不宜直接用 "15 - 10" 计算，因为这样会鼓励供应链提前送货，甚至为了这个指标好看而故意提前送货。

你可能有点奇怪，提前送货不是更好吗？

这还真不一定。举一个极端一点儿的案例，某伴手礼供应商，客户 18 日中午婚宴，要求伴手礼 18 日上午送到酒店，但是，这个供应商 15 日就打电话叫客户收货，客户这时正在他老丈人家喝酒呢，和酒店不在一个城市。再说，就算客户离酒店近，酒店很可能没地方给他存放这批货，他还得临时租个仓库……

客户需要的是按时送货而不是提前送货：一来客户仓库可能没地方放；二来打乱了客户的计划，比如安排人卸车、收货等；三来如果涉及收款、账期什么的，更会带来不必要的协调和沟通成本。

解决方案：提前送货的订单完成提前期，按订单约定的提前期计算。客户 10 日下单，约定 18 日交货，你 15 日送到，这个订单的完成提前期也是 8 天。

当然，如果客户要求提前到 15 日送货，我们按期送到。这时，计算的完成提前期按"15－10"计算没有问题，因为这本质上是一种新的承诺，15 日送到是我们兑现了承诺。

（2）客户要求延后送货。

比如，某客户 10 日下单，约定的提前期是 8 天，也就是要求 18 日交货。但是，到 16 日你生产完成，准备给客户发货时，客户告诉你，到 25 日再送。这时这个订单的完成提前期如何计算？

如果按实际送到的时间 25 日计算（15 天），明显对供应链不公平，并且不能反映供应链的真实水平，这样的计算没有意义。

所以，如果我们能够按期送货，而客户要求延后时，按原约定的到货时间计算订单完成提前期。

（3）分批送货。

在实际业务中，还有一种典型场景是分批送货。比如，某客户 10 日下单 1 000 件，约定的提前期是 8 天，但因为生产压力大，与客户沟通后，18 日交货了 200 件，20 日交货了 300 件，23 日交完最后的 500 件。

分批交货时，订单完成提前期如何算呢？可以分两种情况来看。

第一种情况，客户要求分批送货。按与客户约定的提前期计算订单完成提前期，如实际送货时有延误，应以约定的提前期加上延误时间。

第二种情况，因我方原因造成分批送货。采用加权平均计划，权重为送货数量（或金额）。上面的例子，这个订单的完成提前期 = （8 × 200 + 10 × 300 + 13 × 500）÷ 1 000 = 11.1（天）。

平均订单完成提前期的计算公式

计算公式：**平均订单完成提前期 = $\sum$（每笔订单的完成提前期）÷ 订单的总数**。如有分类，以不同的类别分开计算。

平均订单完成提前期这个计算公式，采用的是简单平均，这时可能有个实际的问题，要不要加权？不加权的话，可能会带来数据的片面性。举个极端点儿的例子，某月共发货 10 单，销售收入 100 万元，其中一个订单 99 万元，交付时间 5 天，其他 9 个订单 1 万元，交付时间都是 10 天；

如果按简单平均计算，该月的平均订单完成提前期是 9.5 天，怎么看都有点儿别扭。

当然不加权也有好处，就是引导重视每一个客户，每一张订单。要不要加权，企业应根据公司的战略方面和客户定位而定。

如果加权，问题又来了，权重如何定？有两种选择可供参考。

（1）以订单金额为权重。

计算公式：平均订单完成提前期 = $\sum$（每笔订单的金额 × 该订单的完成提前期）÷ 订单的总金额。

上面那个例子，如果以订单金额为权重。平均订单完成提前期 =（99 万元 × 5 + 1 万元 × 10）÷ 100 万元 = 5.05（天）。可以看出，与上面按简单平均计算的 9.5 天有较大的差距。

以订单金额为权重背后的假设是，订单金额越大，订单越重要。如果这个假设不成立，需要采用其他权重进行加权计算。比如，企业战略重心是开发新客户，而新客户前期的订单都不大，如果以订单金额为权重，就可能与战略重心偏离。

（2）以客户的重要性为权重。

计算公式：平均订单完成提前期 = $\sum$（每单客户的重要系数 × 该订单的完成提前期）÷ 客户重要系数之和。

还看上面那个例子，如果以客户的重要性为权重，假设 99 万元的那个客户的重要系数为 10，其他每个客户都为 2。平均订单完成提前期 =（10 × 5 + 2 × 10 × 9）÷（10 + 2 × 9）≈ 8.2（天）。

以客户的重要性为权重背后的逻辑是对客户进行分类分级管理，聚焦重要客户。

2.3 应对加急的客户指标：供应链响应时间

及时交付率，反映的是供应链兑现承诺的能力；订单完成提前期，反映的是供应链的反应性；供应链响应时间，反映的则是供应链的柔性。

2.3.1 为什么选择供应链响应时间

供应链反应性与供应链柔性

供应链的反应性，体现供应链将产品送达到客户的速度；供应链的柔性，体现供应链面对市场变化获得和维持竞争优势的灵活性[1]。在一些供应链运作参考模型的翻译中，供应链的反应性对应供应链的响应性，供应链柔性对应供应链敏捷性。

反应性和柔性的区别，可以简单地理解为：反应性衡量的是供应链对平稳、没有异常需求的应对能力；柔性衡量的是供应链对加急、异常需求的应对能力。

下面举个例子。

与客户谈合作，竞争对手要 15 天才能给客户交货，而你 10 天就能交，如果你们的质量、价格什么的差不多，客户大概率会优先考虑你，这就是供应链的反应性。

与客户签订合同后，正常情况下提前 10 天下单。但某一天，客户因异常情况，要求加单 10 吨，5 天交货。你做出来并按时交付了，这就是供应链柔性。

供应链柔性，衡量的是供应链对客户需求变化（异常）做出反应的能力。

供应链柔性的衡量

供应链柔性，有人从产品柔性、时间柔性和数量柔性三方面衡量。产品柔性是供应链在一定时间内开发新产品交付给客户的能力；时间柔性是供应链能够应对客户的加急需求，或者说响应客户加急的速度；数量柔性是指供应链应对客户需求数量异常变化的能力。

GB/T 25103—2010《供应链管理业务参考模型》中指出供应链柔性

---

[1] 引用自 GB/T 25103—2010《供应链管理业务参考模型》。

则有两个衡量指标——生产的柔性和供应链响应时间。

生产的柔性，是改变生产批量的能力，反映生产对需求异常的适应程度，分为向上的柔性和向下的柔性。向上的柔性指的是对需求异常增加的应对能力，衡量方向有"在无事先计划下增产20%的所需要的天数"和"在无事先计划下30天能增加生产多少量"。注意：这里的20%（或30天）两个数字只是为了对标，实际情况依行业不同而选择。有些行业20%可能非常难达到的，但另一些行业，20%的可能又太保守了；有些行业30天也生产不出多少成品，而有些行业30天的产量足以堆满5万平方米仓库。

向下的柔性，是需求异常减少的应对能力，是指在不做库存，也没有其他损失的前提下，能够承受的30天订单减少的百分比。

而供应链响应时间，指的是交付的柔性，是指没有任何计划，没有任何提前的情况下，对客户需求的最快满足时间。供应链响应时间衡量的是加急状态下企业的交付能力。

供应链响应时间是不是越短越好？对客户来说，供应链响应时间确实是越短越好。但是，在企业运营中，供应链响应时间与供应链成本之间是矛与盾的关系，供应链响应时间越短，供应链成本越高。比如，保持对客户3天的响应，我可以大批量生产，如果响应时间为1天，因产能原因，只能小批量生产，降低效率，增加损耗，提升成本。

供应链柔性的两个衡量指标，生产的柔性和供应链响应时间侧重点不一样，生产的柔性侧重的是对内部异常需求（如生产计划）的满足能力，而供应链响应时间侧重的是对外部异常需求（如客户加急订单）的满足。

现实中需求的不确定性大大增加，只有充满柔性，才能做出及时、快速的反应，以满足客户需求。

显然，生产不能直接满足客户的需求，交付才可以（当然生产与交付息息相关，但从交付的角度，可以用库存来抵消生产的刚性）。所以，本书选择供应链响应时间（交付柔性）来衡量供应链的柔性，并作为客户层面的第三个指标。

2.3.2　供应链响应时间的计算

从企业产品的角度来说，供应链响应先分为要求快速提供新品的响应时间和常规产品加急的响应时间两大类。提供新品的响应时间明显大于常规产品加急的响应时间，二者并到一起计算没有任何意义。

供应链响应时间不建议以内部的加急排单、加急采购、加急生产、加急物流等时间推理计算（新品包括设计、开模、打样等时间），这和上文提到的一样，眼睛盯着的是自己，而不是客户。如果眼睛盯着客户，供应链的响应时间需要以实际发生来计算（即实际响应客户的时间，含客户未下单的需求，比如供应链的响应时间满足不了客户需求，客户就会流失）。

供应链响应时间的计算思路与订单完成提前期一样。无论是快速上新品的响应时间，还是常规产品加急的响应时间，都可以先分类（非必需步骤），再计算单个订单的供应链响应时间，最后以加权平均计算平均供应链响应时间。具体的计算方法请参考本书 2.2.2 的介绍，这里不再赘述。

特别提醒，供应链响应时间的计算，前提是有对客户原始需求的记录和数据。为了更好地服务客户，提升企业的竞争力，如果对客户原始需求没有记录和数据，建议赶紧做起来。

第 3 章　库存管理的流程指标

在流程层面，本书选取的三个关键指标是：发货准确率、备货提前期和订货提前期。

3.1　为什么选择发货准确率、备货提前期和订货提前期

每一个企业都是用来进行设计、生产、营销、交货及对产品起辅助作用的各种活动的集合。所有这些活动都可以用价值链表示出来，如图 3-1 所示[1]。

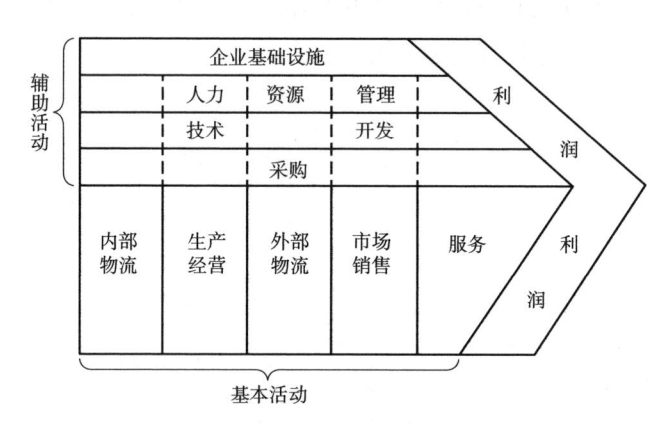

图 3-1　价值链

---

[1] 引用自迈克尔·波特 2014 年 6 月在中信出版社出版的《竞争优势》。

在价值链上,与供应链直接相关的,是采购、内部物流、生产经营和外部物流。从客户出发,从后往前推,供应链满足客户(以产品满足客户需求)的内部过程,可以分三段:一是发货,二是备货,三是买货(采购)。

在这三个过程中,供应链流程的主要作用就是在保障满足客户(交付准确性)的基础上,提升交付效率。所以,库存管理的流程指标,需要瞄准客户,在支撑客户指标的基础上,在发货、备货、采购的三个过程中,从交付的准确性和交付效率两个方面去寻找。

发货阶段,发货准确率

发货准确率是交付准确性方面的指标,包括时间准确、数量准确、质量准确和单证准确等。

在发货阶段,还有一个重要指标,物流提前期。物流同样是供应链的关键控制环节,物流提前期也是一个重要的交付效率指标,本书为什么选择发货准确率而不选择物流提前期呢?

通俗点说,发货是最后一关,发货准确是保障向客户及时交付的最后一环,错过的话补救成本极高。发货准确率是客户指标"及时交付率"的绝对支撑部分(必要条件)。

对于供应链内部运营来说,发货准确率比物流提前期的可控性更强。物流提前期的改善,有很大一部分是物流供应商的选择,更多的是决策问题(如妥投、价格、账期、服务等的综合平衡)。而发货准确率的改善,几乎完全是执行问题。

关于物流提前期,本书第6章还将进一步阐述。

备货阶段,备货提前期

要给客户发货,前提是有货可发。在给客户发货前,供应链需要完成备货。备货时间的长短,影响着给客户交付的速度。备货提前期是一个交付效率的指标。

在序言中提到,备货提前期是我们首次提出的一个原创概念,指从客户下单到我方有货能够满足客户订单需求的时间总和。

在备货阶段，与库存管理相关的，除了备货提前期，还有一个重要指标——备货准确率。本书为什么选择备货提前期，而不选择备货准确率呢？关键原因是，对于最终的准确性，备货后，还有发货一关可控。放大到整个交付环节中，备货的准确性不算是真正的关键控制点。

在食品安全保证体系 HACCP（危害分析及关键控制点）中，关键控制点从两个方面判定：一是这个点在某个食品生产过程中，能对生物、化学或物理的危害起到控制作用；二是这个点失控将导致不可接受的健康危险，或者说是这个显著危害只有在这一个点才能控制，以后无法控制。这样的一个点或环节或步骤或工序就是关键控制点[1]。

采购阶段：订货提前期

订货提前期同样是一个交付效率的指标。订货提前期（order lead-time，OLT），是客户从发出订货单到收到货物的时间间隔[2]。

订货提前期越长，企业所面临的不确定性就越大。要么，直接影响客户交付，使销量下滑，客户流失，失去竞争力；要么，增加或大幅度增加库存，以应对不确定性，从而增加库存总量（采购提前期与最低库存、安全库存成正比），造成呆滞，减慢库存周转，使企业现金吃紧。

对于供应链来说，采购包括两种，向内部供应商采购和向外部供应商采购。

内部供应商一般指的是内部的生产制造部门，向内采购时，订货提前期相当于生产提前期。向外部供应商采购，就是大家通常所说的"采购"，这时订货提前期相当于采购提前期。

采购阶段供应商的及时交付率、生产计划达成率也非常重要，可能是考核内外部供应商的首选指标之一。不过，这里我们选择了订货提前期，主要是因为，计划达成也好，供应商的及时交付也好，最终都会在订货提前期上体现出来。

---

[1] 引用自许永风 2011 年发表在《食品研究与开发》杂志的《食品生产加工企业关键控制点的确定》一文。

[2] 引用自 GB/T 18354—2021《物流术语》。

3.2 直面客户的流程指标：发货准确率

我曾经问过很多仓库管理者、库存管理者或供应链相关领导，如果给仓库只选一个指标，选哪个？绝大多数回答的是"库存准确率"。

好像很对。如果库存都不准确，还管什么仓库。库存准确是供应链管理和财务管理的基础，如果库存不准，计划、核算就失去了意义，并极有可能误导相关决策。所以，如果仓库只选一个指标，"库存准确率"似乎没毛病。

但是，前面讲过，供应链的主要任务是交付产品，以满足客户需求，库存管理流程指标的选定，需要瞄准客户。从这个思路出发，就会发现，我们的库存准不准，与客户没有关系。按这个思路，如果给仓库只选一个指标，"库存准确率"显然是不合适的。

客户不关心你的库存准不准，不关心你的仓库晚上有没有关门，不关心你的仓管上班是不是迟到……客户关心的是把他的货物按时、准确、完好地交付到他手中。

因此，在仓库管理方面，如果只选一个指标，那就是"发货准确率"。

3.2.1 什么是发货准确率

发货准确率还需要解释吗？不就是准确无误地将货品发出的比率吗？

当说出"准确无误"的时候，可能还真要解释。什么叫准确无误？数量准确，但没按时发出叫不叫准确无误？

发货准确率与发货及时率

有不少供应链管理或仓库管理实践中，将发货准确率与发货及时率分开，以两个指标来进行管理。发货准确率是准确无误地将货物按数量发出的比率；发货及时率是按时将货物发出的比率。

这样区分，以企业内部管理（仓库管理）视角，有一定的价值，可以从时间和数量两个维度，针对性地提升管理水平。但是，对于客户来说，不管是数量不对还是时间不对，都是不符合要求的，都会带来较差的体验。

所以，当我们将眼睛瞄准客户时，发货准确率和发货及时率应该合二为一，变为一个指标。基于这个思路，将发货准确率的"准确"延展，以"发货准确率"作为流程层面的第一个指标。

另外，本书中，这个纳入流程层面指标的"发货准确率"，针对的是成品发货（或直接发给客户的材料与半成品）的准确率，生产领料或内部移库的发货准确，不包含在内。

什么叫准确无误

在本书 2.1.2 及时交付率的计算中，我们提到 7C。即正确的时间、正确的产品、正确的质量、完整的文件资料、正确的包装和放置条件、正确的地点、正确的客户。即将符合要求的产品，在要求的时间段、要求的地点交付给正确的客户，产品包装完整，数量和质量无误，没有瑕疵，文档齐全。

这个 7C，就是准确无误。

正确的时间，就是发货及时率所说的"按时"。在客户要求的时间或计划指定的时间，按时将我们的产品发出。要求今天发出，你说今天要盘点，明天再发，这就不是正确的时间。

正确的产品，也就是货别发错了。一是产品别错，客户要的是一把菜刀，你不能发一把剪刀；客户要的是 300 mL 包装的，你别发成 50 mL 包装的；客户要的是麻辣味的，你别发成香辣味的。二是数量别错，客户要求 100 箱，你别给发 100 个；客户要求 50 kg，你别给发 60 kg。

正确的质量，即品质符合要求。品质符不符合要求，发货时可能不知道，但发货时可以知道你发的这批货是不是经过检验，是不是检验合格。未经过检验的产品，不能出库；检验不合格的产品，不能出库。

完整的文件资料，指的是单证齐全。比如，送货单、合格证、说明书、保修卡、特殊产品的资质证明等。有时根据客户要求，可能还包括合同、订单、发票、对账单等。单证齐全不仅仅是有，还得有效，如按要求签名、盖章等。

正确的包装和放置条件，主要指的是在途安全。比如为易碎产品定制木架，为表面易损伤产品加固边角。冷冻的产品不能用冷藏车，食品和化工原料也不能混装。

正确的地点，别送错地方了。客户要求送到昆山工厂，送到太仓工厂是送错；客户要求分别送到嘉定配送中心和松江配送中心，只送到嘉定配送中心也是送错。

正确的客户，别送错人了。张三要的货，别送给李四；张三儿子要的货，也别送给张三。

企业发货做到了7C，就做到了准确无误，也就做到了发货准确。

3.2.2 发货准确率如何计算

发货准确，反过来说就是不能出差错。在以上介绍7C中，任何一点没做好都是出差错。**发货准确率=正确发货的订单÷总订单**，或者**发货准确率=1－出差错的订单÷总订单**。

从这个公式来看，貌似发货准确率的计算特别简单。别急，先来看一个真实的案例。

苏州有一家工厂，仓库的主要考核指标是库存准确率。每月的库存准确率怎么得出来呢？这家工厂采取每月抽盘的方式，以抽盘不准的SKU数除以抽盘的总SKU数来计算库存准确。比如，这个月总共抽盘了100个品项（SKU），账实不符的有5个，那么，库存准确率就是95%。

工厂每月的抽盘由品控部执行，一般是品控主管亲自参加。

有一段时间，连续几个月，仓库的库存准确率都很低，有时甚至70%都不到，当时的仓库经理离职。新的仓库经理入职后不久，仓库的库存准确率恢复正常（95%左右）。

这个事，从表面上看，肯定是以前的仓库经理做得不好，而新来的仓库经理有水平。事实上，根本不是这样。经仓库内部员工，以及与仓库紧密联系的生产、采购等主要部门核心人员评价，两位仓库经理的水平差不

多，甚至新经理还不如原来的经理。

那为什么新经理能够将库存的准确率做起来呢？

原来，以前因为这样那样的原因，品控主管抽盘仓库时，经常盘那些难以点数且价格极低的辅料、破包装的呆滞料、拆包装的尾料、车间退料及客户退货等，加之"以抽盘不准的 SKU 数除以抽盘的总 SKU 数来计算库存准确率"，库存准确率能达到 70% 以上，实际上原来的经理已经很不错了。

新经理入职后，知道品控部掌握着他们的"命脉"。于是，与品控主管的做好沟通工作，加强工作联系。此后，品控主管开始抽盘常规的物料和整件的物料。

尽管这个案例说的是库存准确率，但发货准确率也一样，同样会碰到这样那样的问题。如果不明确具体的计算方法，很可能就会出现案例中品控主管的操作。

用订单笔数、订单行数、订单件数还是订单金额

发货准确率＝正确发货的订单÷总订单（或发货准确率＝1－出差错的订单÷总订单），公式很简单，但是，这个"订单"与"总订单"以什么单位计算呢？是用订单笔数、订单行数、订单件数计算，还是用订单金额计算？

订单笔数，发一个订单算一笔，不管这个订单大还是小。

订单行数，以订单上的每一行计数（一般一行代表不同的产品或不同规定的产品），不管这一行的数量有多大差异。

订单件数，以装车发货的件数计算，不管每件的金额。

订单金额，以发货订单的总金额计算，不管货物的大小，发运的难度。

管理中有一句话：你想要什么，就考核什么，你考核什么，就得到什么。订单笔数、订单行数、订单件数还是订单金额，取决于企业想要什么。当然，企业想要什么，源自客户想要什么。

如果每个客户都得罪不起（比如电商上的差评），那么，不妨用订单笔数。如果客户要货的不同产品对客户的重要程度不一样，那么，建议用订单行数。如果发货的每款产品的数量都很多，但每箱的价格差异不大，则可以考虑订单件数。如果公司以大客户为中心，订单金额是一个选择。

用订单笔数、订单行数、订单件数、订单金额计算发货准确的公式分别如下。

订单笔数：**发货准确率 = 正确发货的订单笔数 ÷ 总订单笔数**（或**发货准确率 = 1 − 出差错的订单笔数 ÷ 总订单笔数**）。按订单笔数计算是要求最严格的，要求完全达到7C，即正确的时间、正确的产品、正确的质量、完整的文件资料、正确的包装和放置条件、正确的地点、正确的客户，只要一个方面出现差错，这笔订单就整体判定为出错。比如，某月共发货100单，其中有1单发货晚了两天，有1单某产品要件100个只发了98个，还有一单某款产品漏放了说明书，这个月发货准确率为97%。

订单行数：**发货准确率 = 正确发货订单的总行数 ÷ 全部订单的总行数**（或**发货准确率 = 1 − 出差错订单的总行数 ÷ 全部订单的总行数**）。按订单行数计算，要求略低一些，如果一个订单有10行，其中一行错了（比如数量不对或质量有瑕疵），不影响其他的9行（这一单的准确率达到90%，如按订单笔数则为0%）。

订单件数：**发货准确率 = 正确发货的总件数 ÷ 全部发货的总件数**（或**发货准确率 = 1 − 发货出差错的总件数 ÷ 全部发货的总件数**）。按订单件数计算的要求又低了一些，因为，一个订单行，可能会有很多件货。

订单金额：**发货准确率 = 正确发货订单的总金额 ÷ 全部发货订单的总金额**（或**发货准确率 = 1 − 发货出差错订单的金额 ÷ 全部发货订单的总金额**）。相对来说，这种算法要求最宽松，只要搞定了大单（大客户），"发货准确率"就低不了。也正因为这样，采用这种算法，可能会影响小客户（小单）的利益。

发货准确率要达到100%吗

如果发货准确率要求100%的（注意，是要求，不是追求），以上各种算法不用纠结，随便拿个来用就可以，或者直接采取最容易操作也最容易理解的"订单笔数"计算。

不过，发货准确率真的要求100%吗？

管理，从来都是目标与资源（含能力）的平衡。当目标与资源完全平衡时，没有任何问题。但当目标与资源不匹配时，怎么办呢？

根据目标想办法匹配资源，使目标与资源协调一致。这时，发货准确率可以要求100%。

调整目标，使之与资源匹配。在这种情况下，要求发货准确率100%似乎有些不讲道理。

适度调整目标，努力配置资源，使其达到一个最佳的平衡点。这种情况，对发货准确率的要求，可以低于100%。

当然，对于发货准确率，我们要永远追求100%，这里要求和追求是两个不同的词。

然而，令人遗憾的是，目前有一些管理者，在目标与资源不匹配的情况下，不是追求100%，而是要求100%。要么强激励，发货准确率达到100%的，加10分。要么严要求，发货准确率低于100%的，绩效一律扣20分。最后，100%永远是纸面上的100%。

发货准确率略微调整要求的100%

因资源的限制，当企业资源不足以支撑发货准确率100%的目标时，还有一种方法，略微调低出差错的标准，只要出差错程度在事前确定的标准之内，就认为发货是准确的，从而保持发货准确率100%的要求不变。

略微调低哪些标准呢？建议在7C中，即正确的时间、正确的产品、正确的质量、完整的文件资料、正确的包装和放置条件、正确的地点、正确的客户这七项之中，找一两个对客户影响较小的。

以下是我们给一家客户关于发货准确率"什么是准确无误"的思路，仅供参考。

7C中的两个C可以略微调低要求，其他的5个C要求必须做到。这两个C是正确的时间、正确的产品。其中，正确的产品仅指产品数量。其他的，正确的质量、完整的文件资料、正确的包装和放置条件、正确的地点、正确的客户，不允许出错。

时间的允许范围：比如，提前发货的，允许提前"离约定的提前期还剩天数的20%"，以天为单位，向上取整；延后发货的，在确保物流按时送到的前提下，"离约定的提前期还剩天数"在5天或以内的，不允许延后，超过5天的，以"离约定的提前期还剩天数"的10%，四舍五入。比如，与客户约定的提前期是12天，成品入库时提前期还剩6天，假设物流时间需要3天；在这种情况下，提前2天发货（6天的20%向上取整）认为符合要求，不是差错；延后1天发货（6天的10%四舍五入）也认为符合要求，不是差错。

数量的允许范围：相对比较简单，第一是不允许少发，第二是多发的数量不超过2%，即实际发货数不大于订单数的102%（这里2%、102%依企业实际而设定）。

3.3 给客户安全感的流程指标：备货提前期

备货提前期，是指从客户下单到我方有货能够满足客户订单需求的时间总和。

3.3.1 备货提前期的构成

按备货流程，备货提前期主要由三个时间段构成：一是从接到客户订单到订单到达计划人员手里的时间；二是从计划接到订单到订货计划下达的时间；三是从订货计划内要求开始的时间到有货可以发的时间。

备货提前期的三个时间

（1）从接到客户订单到订单到达计划人员手里的时间。

这个时间有的企业很短，客户在线下单，几乎同步到达计划人员手中，但更多的企业的这个时间并不是很短，各种审批和流转后，计划人员往往第2天甚至更长时间之后才接到订单。

从接到客户订单到订单到达计划人员手里，主要包括以下三类时间：
一是接单时间。当系统不支持客户在线下单时，客户可能采取即时通信工具或邮件等下单，这时可能会产生时间差，比如没看手机，没看邮件，看后忘了等。

二是客户订单录入时间。不在于录入时敲击键盘的时间，在于做这项工作时被打扰、打断的时间。

三是订单审批（评审）时间。这个依企业流程而定（比如因内控需要，必须财务确认回款或信用额度），时间有长有短。

一般来说，在接到客户订单到订单到达计划人员手里的时间段中，订单审批时间是最长的，因为大家忙而造成的各种等待。

（2）从计划接到订单到订货计划下达的时间。

第一，如果库存充裕，计划人员对库存也门清，那么这个时间可以为零。

第二，有库存，但计划人员对库存没把握，需要确认库存（去系统查看或询问物控，物料需求计划能够自动带出库存或自动判断最好），这就可能需要一些时间。因为是人就可能遗忘，就可能拖拉。

第三，如果库存不够，计划人员下达订货计划（生产计划或采购计划）。这个时间依计划人员的工作效率及系统的支持程度而定。

第四，有些企业按流程，生产计划或采购计划需要审批，同样需要时间。

第五，计划下达时间。计划审批后，提交给执行单位（生产车间或采购）的方式，决定着这个时间的长短。比如，系统自动推送，时间约等于零；如果人工送达，则有可能出现遗忘、拖拉等情况。

（3）从订货计划内要求开始的时间到有货可以发的时间。

这里的订货计划指的是成品（客户需要的商品）订货计划，向内部生产订货时，体现为生产计划。生产计划上开始生产的时间就是"订货计划内要求开始的时间"。

如果是向外部供应商订货，订货计划体现为采购计划。在这种情况下，采购计划下达的时间就是"订货计划内要求开始的时间"。

当满足客户需求的产品入库时，认为有货可以发。"有货可以发的时间"，就是有客户需求数量产品入库的时间。

说到这，可能有些读者会有疑问，按上面的描述，如果仓库有库存的话，就算有一些遗忘或拖拉，备货提前期的时间也没多长，为什么要把备货提前期作为重要指标呢？

答案就在"如果仓库有库存的话"。如果仓库没有库存，备货提前将会很长，而如果仓库有库存，又会存在库存风险。备货提前期评估的就是这种库存管理的能力，即持有合理的库存满足客户需求的能力。

备货提前期的三个问题

（1）新品的备货提前期怎么定

备货提前期是从接到客户订单开始，到有货能够满足客户订单需求为止。那么，如果碰到新品怎么办？新品还有设计、打样、试产等过程，把这些都算到备货提前期中是不是不客观？

其实，这混淆了客户合同与客户订单。在物料采购中，有时候，客户合同与客户订单会合二为一（比如一次性采购），订单内容包含在合同中。但物料的常规采购，大多数时候，合同与订单是分离的。合同约定的是双方责任（比如提前期、账期、付款方式、交货方式等），而订单则明确具体的采购数量与要求。

在客户定制新品时，新品的设计、打样、试产等过程一般在合同中约定，而新品的正式采购（要货），则在订单中体现（就算合同与订单合二为一的，也会约定正式生产的时间，这个正式生产的时间就是采购订单成立的时间）。

所以，新品的备货提前期，从接到客户正式采购订单开始（或约定的正式生产时间开始）。

（2）按库存生产的备货提前期怎么定

我们是按库存生产的，都是依库存或预测而订货（下达生产计划）的，怎么确定"从接到客户订单到订单到达计划人员手里的时间"？

备货提前期的确定与如何生产（MTS 或 MTO）没有必然的关系，其计算不受生产方式的影响。

因为备货的目的，是我方有货能够满足客户订单的需求，备货提前期计算的是从客户下单到我方有货能够满足客户订单需求的时间。也就是说，备货所关注的是客户，而不是我们自己的生产，生产或采购都只是为了备货而采取的措施。备货提前期计算的就是"从客户下单到我方有货能够满足客户订单需求的时间"。

生产与采购的效率，是订货提前期需要解决的问题。

（3）客户下单较早，交付时间宽裕，不急着排产，备货提前期怎么定

前面讲到备货提前期的三个时间，一是从接到客户订单到订单到达计划人员手里的时间；二是从计划接到订单到订货计划下达的时间；三是从订货计划内要求开始的时间到有货可以发的时间。

大家发现没有，第一个和第二个时间是连在一起的，而第二个和第三个时间中间可以有间隔。比如，10日下达某产品的生产计划，计划开始时间是15日，这中间就有5天的时间间隔。

如果客户下单较早，交付时间宽裕，不急着排产，这时，备货提前期的第一个时间不变，第二个时间"订货计划下达的时间"为计划接到订单后到下达计划的时间（不管所下达的时间含不含订单内容），第三个时间从计划生产开始的时间算起。比如，10日接到客户订单，11日审批完成，12日排好生产计划，15日开始生产，17日完成入库；这种情况下，第一个时间11 − 10 = 1天，第二个时间12 − 11 = 1天，第三个时间17 − 15 = 2天。

针对客户下单较早的情况，还想多说一点。

很多人认为，客户提前下单，下大单，对我们来说都是好事，要想办法引导客户这么做。真的是这样吗？注意：这里的"提前下单、下大单"是指针对客户需求来的，比如，按约定的提前期，客户本来可以20日下单，但他10日就下了，或者客户的正常需求是10吨，但他下了15吨（多的5吨等于提前下单）。

我们的观点恰恰相反，我们需要引导和鼓励的，是按客户按约定的提前期下单，按需求的数量下单，而不是提前下单、下大单。

对客户来说，下单时间越早（下单数量越大），需要持有的库存就越多，按约定的提前期下单，有利于客户的库存控制，对客户有益。对客户有益的事，我们就想办法去做，这是以"客户为中心"或"客户至上"的真正体现。

一般情况下，客户也是按预测下单的，而预测总是不准的。所以，对我们来说，客户下单的时间越早，客户未来需求的波动就越大，我们供应链的应对就越困难。也就是说，从供应链技术的层面，客户提早下单并不是好事。

很多人愿意甚至是希望客户早下单的，是因为客户下单的时间越宽裕，我们的压力就越小。压力小，当然是好事，但很多时候也是坏事，比如让我们的能力得不到锻炼。客户提前下单一时爽，却会让我们丧失竞争力。

当然，鼓励客户按约定的提前期下单，前提是我们能够做到按时交付。事实上，如果我们保持稳定的交付水平，给客户足够的安全感，客户为什么还要提前下单？

3.3.2 备货提前期的计算

备货提前期尽管由三个时间组成，但备货提前期的计算并不是这三个时间的相加。原因同上一章所讲的"订单完成提前期计算"，我们需要从客户视角出发看待这个指标，站在客户的角度，你的三段时间和他没关系。

对于客户来说，最好是你仓库里有库存，我下单后直接给我发货。

单个订单备货提前期的计算

站在客户的角度，备货提前期，是从客户下单到我方有货能够满足客户订单需求的时间总和。

在这个定义中，"客户下单"实际上是指我方收到或应该收到客户的订单（应该收到是避免如客户邮件下单但我方销售人员不看邮件之类的情况，在这种情况下，一律以客户邮件发送时间为准）；"我方有货能够满足客户订单需求"是指我们的产品经检验合格入库了，有货可发（供应链直接发货的也有类似检验入库的动作）。

据此，备货提前期的计算公式：**备货提前期 = 成品入库的时间点 − 接到或应该接到客户订单的时间点**。

第一个场景，某公司客户 10 日下单，当天安排生产，成品 15 日入库

（可以发货），则备货提前期为 15 - 10 = 5 天。

第二个场景，某公司客户 10 日下单，仓库内有货（假设 5 日入库的），则备货提前期为 5 - 10 = -5 天。这里备货提前期出现负数，我们进行设置，当计算结果为负数（小于 0）时，让备货提前期直接等于 0（在 Excel 中用 IF 等函数自动计算，在系统中加入此项设置即可）。

第三个场景，某公司客户 10 日下单，当天安排生产，成品 15 日入库一批，17 日入库另一批，17 日发货。则备货提前期为 17 - 10 = 7 天。当分批入库时，以入库数量达到客户需求数量的时间点进行计算。

第四个场景，某公司客户 10 日下单，当天生产一批，成品 15 日入库，15 日发走。按 10 日的生产计划，13 日开始生产另一批，17 日入库并发走。这个分批发货的场景，分两种情况计算备货提前期。

因我方原因造成分批发货的（如产能冲突，生产计划被迫分批），就算客户同意先发一批，备货提前期也按入库数量达到客户全部需求数量的时间点进行计算，备货提前期 = 17 - 10 = 7 天。

客户要求分批发货的，视作两笔订单。

15 日发货的订单，备货提前期 = 15 - 10 = 5 天。

17 日发货的订单，备货提前期 =（17 - 10）-（13 - 10）= 4 天。

这一点涉及上一小节提到的"客户下单较早，交付时间宽裕，不急着排产"，因为这种情况客观上存在，并且有时很普遍。所以，需要将备货提前期的公式进行调整。

备货提前期 =（成品入库的时间点 - 接到或应该接到客户订单的时间点）-（该订单需求的计划生产开始时间 - 接单后的计划安排时间）。

整体备货提前期的计算

与公司层面的整体订单完成提前期、供应链响应时间一样，公司某一时期的整体备货提前期可以用加权平均计算，权重可以采用订单金额。

但如果公司产品的生产工艺时间相当或差别不大，并且不常备库存的情况下，我们建议直接按简单平均计算。一来，简单且易操作；二来，在没有库存或库存不足的情况下，如果客户需求数量大，备货需要的时间就长，我们在计算单个订单备货提前期已经考虑了这个因素，不需要重复计算。

整体备货提前期 = 期间全部订单的备货提前期之和 ÷ 订单笔数。注意，如果客户要求分批送货的，分了几个批次，就计算几笔订单。

3.4 构成企业竞争力的流程指标：订货提前期

根据是向内部供应商订货还是向外部供应商订货，订货提前期可分为生产提前期和采购提前期。

对于非生产制造型企业来说，订货提前期就是采购提前期。

对于生产制造型企业，订货提前期就是生产提前期（当然可能也存在部分直接采购的）。而企业生产时，需要采购物料，采购物料也存在采购提前期。所以，在生产制造型企业中，同时存在采购提前期和生产提前期。采购提前期影响生产提前期，生产提前期则影响备货提前期。

非生产制造型企业的采购提前期（成品），与生产制造型企业的采购提前期（物料），管理思路、方法大同小异，本书在讲解采购提前期时，不区分这两种情况，一并讲解。

3.4.1 生产提前期

生产提前期的理论时间

加工提前期（manufacturing lead time，MLT）生产物料所需要的全部时间，不包括底层采购提前期，对于按订单生产的产品，是指从向生产过程发放订单到把货物送到最终客户手中所经过的时间；对于按库存生产的产品，是指从向生产过程发放订单到产品到达仓库的时间，包括订单准备时间，排队时间、换模时间、运行时间、移动时间、检验时间及入库时间[1]。

---

[1]引用自 GB/T 25109.1—2010《企业资源计划　第1部分：ERP术语》。

一般认为，加工提前期就是生产提前期。在上述定义中，根据按订单生产（MTO）与按库存生产（MTS），加工提前期计算的起止时间略有不同。MTO 和 MTS 加工提前期计算起点都是"向生产过程发放订单"，但计算的终点不同，MTO 是"把货物送到最终客户手中"，MTS 是"产品到达仓库"。

由于本书采用了"及时交付率"，并专门提出"备货提前期"，已经考虑"把货物送到最终客户手中"，所以，本书所提到的"生产提前期"，不管是 MTO 还是 MTS，其计算的终点都是"产品到达仓库"，即成品检验合格入库的时间。

计算的起点，我也进行一个补充性的修正：生产提前期的时间从"生产计划注明的开始生产时间"算起。

生产提前期的实际时间

上述加工提前期的定义中还提到一点，加工提前期"不包括底层采购提前期"，即不管完成这次加工所需要物料的采购时间有多少长，也就是加工提前期计算的是不欠料的情况下的生产加工总时间。

但在实际生产运营中，因各种不确定性，欠料情况时有出现，不可避免。按"订单准备时间、排队时间、换模时间、运行时间、移动时间、检验时间及入库时间"计算的生产提前期，显然只是理论上的。

单行生产计划的实际生产提前期＝成品检验合格入库的时间－生产计划注明的开始生产时间。

生产提前期不建议计算总体的平均数，比如 1 个月的整体生产提前期。主要原因是：生产提前期并不直接面向客户（这和订单完成提前期、备货提前期等不同），是我们内部控制与提升的指标；如果汇总计算生产提前期，因生产工艺时间差异、单位不同等各种原因，将会使计算变得极其复杂，并且不易收集数据，更关键的是，汇总计算的生产提前期并不能给我们的改善带来帮助，价值不大。

不过建议同类产品汇总计算提前期，比如产品相同，只是规格不同或包装不同。

同类产品汇总提前期 = ∑ 该类产品单行生产计划的实际生产提前期 ÷ 生产总数量 × 计算数量。计算数量，是生产多少量需要多长时间。

比如，某类产种各种规格，当月实际生产提前期 15 天（该类产品单行生产计划的实际生产提前期之和），总共生产了 1 000 箱，我们的计算数量是 100 箱。那么，这个月生产 100 箱这类产品平均生产提前期是 15 ÷ 1 000 × 100 = 1.5（天）。

关于如何缩短生产提前期，本书第 6 章将进一步阐述。

3.4.2 采购提前期

再订货点 = 最低库存 + 安全库存。

最低库存 = 日均需求量 × 采购提前期。

安全库存 = 服务水平 × 日用量的标准差 × $\sqrt{采购提前期}$。

从上述三个公式得出，采购提前期越大，最低库存、安全库存就越大，再订货点就越大，总库存也就越大。

采购提前期与库存息息相关，甚至可以说几乎决定着库存，这是供应链需要重点关注采购提前期的一个原因。

另外还有两个重要原因。

一是如果采购提前期过长，将增加我们出错后补救的成本，或根本无法补救。比如客户正常下单，3 天后交货，但物控忘了下单采购材料；这时，如果采购提前期 5 天，做加急，可能 3 天能够送到，紧急生产，第 3 天还有可能发出，满足客户需求；但如果采购提前期 15 天，你再加急，估计也要一周的时间才能采购回来，这时黄花菜都凉了。

二是如果采购提前期过长，将降低供应链的柔性，使我们的竞争力下滑。比如，客户正常提前期是 10 天，但某一天客户特别急，要求 3 天送到，而刚巧你没备库存，如果采购提前期也是 10 天，你大概率无法满足客户的加急需求。你不能满足，说不定你的竞争对手能满足，慢慢地，客户就不见了。

采购提前期的计算

采购提前期评估的是供应商的交付水平。**供应商的实际采购提前期 =**

来料验收合格入库时间－供应商接到订单的时间。这个公式有两点说明。

第一，如果供应商提前交付（非我方要求），来料验收合格入库时间按我方订单注明的交付时间计算。这样做主要是抑制供应商提前送货，避免打乱我们的计划或增大我们的库存。当然，为了更好地与供应商合作，可以在与供应商谈好的前提下放宽条件，比如提前1天不算提前等。

第二，供应商接到订单的时间，是指供应商应该接到订单的时间。比如，我方已按约定发出订单，但对方没看邮件，造成订单一天后才看到，这时不能按对方接到订单的时间计算，而为我方发出订单邮件的时间。

在实际订货场景中，我方给供应商下单时，通常存在三种情况。

一是我方按需求及与供应商合同约定的采购提前期下单。这时，按上面的公式计算的实际采购提前期，能够真实评估供应商的交付水平。

二是我方提前下单，要求交付的时间大于合同约定的采购提前期。如果按上面计算公式中"供应商接到订单的时间"计算，会使采购提前期时间变长，显然对供应商不公平。这时，**实际采购提前期＝合同约定的采购提前期＋延误天数**。即只要供应商没延误交付，就按合同约定的采购提前期计算。

三是我方因各种原因下单下晚了，要求交付的时间小于合同约定的采购提前期。比如约定的采购提前期是7天，但物控下单时，库存已不多了，为避免断料，要求供应商4天内送到。这时实际采购提前期按上述公式计算（供应商的实际采购提前期＝来料验收入库时间－供应商接到订单的时间），但不能算供应商提前交付（因为是我方要求的）。

现实中不确定性无处不在。我们尽可能避免第二种情况，用定量订货的方法（按约定的提前期约定的最小订货批量与最小送货批量），避免定期订货，人为增加不确定性。如果说物控忙不过来，人手不够想来方法总是有的。

第三种情况偶尔为之问题不大，但也要尽可能避免。因为这样一来逼迫我们计划能力提升，二来给供应商确定性，可以与供应商共赢。

采购提前期有时比采购价格更重要

采购提前期，在财务的角度，体现的是库存，库存的背后是呆滞和库存周转，库存周转的背后是企业的资产周转和现金流。在业务的角度，采购提前期则影响着客户交付，影响着供应链柔性，背后是企业的竞争力，是企业的未来。

采购提前期做供应链的特别熟悉，但往往被采购、老板或者财务所忽略。下面是一个真实的案例。

某公司一个系列主料，用量大，一年采购额近千万元，供应商原来承诺的采购提前期是 5 天。因业绩压力，采购与供应商进行降本谈判。采购经理经过各种努力，费了无数心血，终于使得供应商同意降价 10%。但是，供应商提出一个交换条件，将原来 5 天的采购提前期增加一周，延长到 12 天。

采购同意了。新合同签订后，老板将"降本 100 万元"作为典型业绩进行公开表彰。老板说："降下来的成本，就是净利润，采购创造了 100 万元的净利"。

不到 3 个月，该系列主料的库存大增，仓库持续处于爆仓状态。财务开始抱怨库存占用资金过多，现金流吃紧。这些还是小问题。大问题是，因采购提前期从 5 天延长到 12 天，库存增加再大，这家公司也不可避免地延长了客户的交付时间，并且根本无法应对客户加急，造成市场竞争力大幅度降低。

不到一年，在行业上行期间，这家公司销售业绩不增反降，市场份额持续下滑，从龙头老大，变为第三。原因是提前期延长造成交付速度太慢，并缺乏柔性，被竞争对手抢走了太多的订单，这等于变相培养了竞争对手。

关于如何缩短采购提前期，本书第 6 章将进一步阐述。

第4章　库存的学习与成长指标

在学习与成长层面，本书选取的三个关键指标是：员工满意度、员工保持率和供应链人效。

财务、客户和内部业务流程层面的目标确定了企业为获得突破性业绩必须在哪些方面表现突出。学习与成长层面的目标为其他三个层面的宏大目标的实现提供了基础框架，是前面三个计分卡层面获得卓越成果的驱动因素[1]。

4.1 "被玩坏了"的学习与成长指标：员工满意度

员工满意度反映员工士气及员工对工作的整体满意度。卡普兰认为，员工感到满意是提高生产率、反应速度、质量和客户服务的必要前提。所以，他认为在员工满意度、员工保持率和员工生产率（供应链人效）三个学习与成长指标中，又以员工满意度最为重要。

然而，如今，员工满意度似乎"被搞坏了"。

4.1.1 人人喊打的"员工满意度"

是的，谈什么满意？你怎么做都会有人不满意的。

对"员工满意度"人人喊打的第一个原因，使很多人认为，"员工满意度"是个伪命题。

---

[1] 引用自罗伯特·卡普兰和戴维·诺顿2004年6月在广东经济出版社出版的《平衡计分卡：化战略为行动（珍藏版）》。

"员工满意度"是个伪命题

人的满意，往往源自他的需求得到满足。马斯洛需求层次理论①（见图4-1），强调了需求满足的层次性。马斯洛认为，人的需求分为七个层次，需求层次像阶梯一样从低到高，逐级递升。需求层次越低时，需求越集中、越具体、越稳定、越容易满足，价值需求层次越高时，需求越分散，越抽象，越多变，越难以满足。

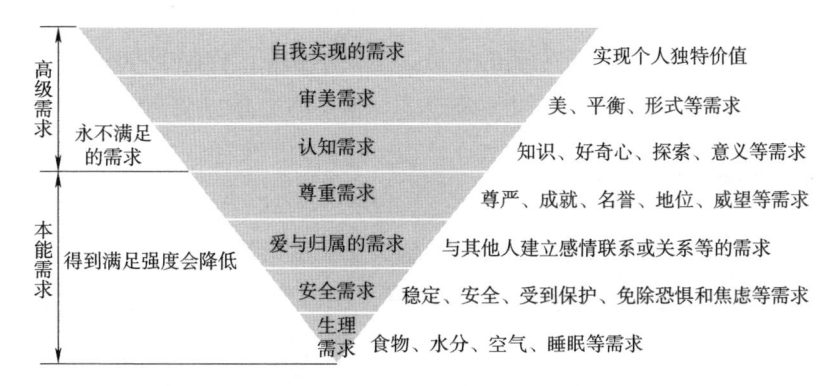

高级需求	永不满足的需求	自我实现的需求	实现个人独特价值
		审美需求	美、平衡、形式等需求
		认知需求	知识、好奇心、探索、意义等需求
本能需求	得到满足强度会降低	尊重需求	尊严、成就、名誉、地位、威望等需求
		爱与归属的需求	与其他人建立感情联系或关系等的需求
		安全需求	稳定、安全、受到保护、免除恐惧和焦虑等需求
		生理需求	食物、水分、空气、睡眠等需求

图4-1 马斯洛需求层次理论

七个层次中，"生理需求""安全需求""爱与归属的需求""尊重需求"属于本能需求，或称基本需求。这些需求的共同点是，一旦需求满足，动机强度就会降低，甚至不再有动机。"认知需求""审美需求""自我实现需求"属于高级需求，也称生长需求。这三种需求具有无限性，或者说是永不满足的需求，即当需求得到满足后，需求动机不是减弱，而是提出更强烈的需求。

认为"员工满意度"是个伪命题，一般从马斯洛需求层次理论引出。员工的满意，是因为他的需求得到满足，然而，员工需求得到满足，并不足以激励员工为客户创造价值，为企业创造绩效。

比如，员工很满意他的工作，可能是因为他能从工作中获得为客户创

---

①马斯洛需求层次理论是由美国心理学家亚伯拉罕·马斯洛于1943年提出的，后来又于1954年发表了《人类动机的理论》。1969年，马斯洛在其未出版的手稿中，对原来的理论进行了修改和补充，扩展为七层需求理论，新的两个层次分别是认知需求和审美需求。

造价值的意义，也可能是因为这份工作足以让他躺平。员工不满意他的工作，可能是因为他无法从工作中获得好的报酬，也可能是因为他想要完成更高难的任务。

我们无法区分员工感到满意或不满意的真正原因，也无法分辨员工不满意是因为工作上得不到满足，还是因为希望把工作做得更好。而员工总是不满意，或者员工总是不可能长时间满意，则得到广泛的认可。

因此，很多人认为，"员工满意度"是个伪命题。

任正非也曾提到："我们是以客户为中心，怎么行政系统出来一个莫名其妙的员工满意度，谁发明的？员工他要不满意，你怎么办呢？现在满意，过两年标准又提高了，又不满意了，你又怎么办？"[1]

满意度没有衡量标准

有一些老板的逻辑是，给员工发钱，员工就会满意。员工满意了，就会认真干活，以最大的热情让客户满意，从而创造良好的业绩带让股东满意。

但是，怎样才满意呢？如何衡量满意？有没有标准呢？

如同大多数管理问题一样，以上三个问题都没有标准答案，甚至像样一点儿的参考答案都没有，这是对"员工满意度"人人喊打的第二个原因。——没有衡量标准，就无法真正判断员工满不满意，也就无法真正地去改善。

以薪酬高低来判断？给员工发钱，员工就会满意吗？薪酬高，员工就会满意吗？薪酬低，员工就会不满意吗？恐怕都是未必。再说，薪酬高，多高才叫高呢？今天给他 10 000 元一个月，嗯，感觉挺高的，很满意；但他明天打听到坐他对面的人，他自认为能力远远不如他的那个人，拿了12 000 元一个月，他就瞬间不高兴了，瞬间不满意了。更何况，对于企业来说，高薪酬低绩效的员工到处可见，最终受伤害的，还是企业。所以，以薪酬高低来判断员工满意度，显然不靠谱。

那么，以员工责任感或员工敬业度来判断？有人认为，无法用金钱买

---

[1] 引用自任正非对华为轮值 CEO 徐直军的《告研发员工书》的批示。

到责任感,却可以用钱买到满意度。所以认为应该加强员工的责任感,而非满意度。这其实有点双标了,"无法用金钱买到责任感或敬业度",但很多时候,金钱能够深深地影响责任感与敬业度;"可以用钱买到满意度",事实上也只是金钱在影响满意度。再说,无论是责任感还是满意度,都是短期的,都是一时的。

当然,让员工满意更不是讨好员工,这个就不用多说了。

员工满意不等于客户满意

就算员工满意了,企业有了满意的员工,就会让客户满意吗?答案仍然是未必。这是对"员工满意度"人人喊打的第三个原因。

首先,员工满意与员工认真干活没有必然的关系。员工确实挺满意的,但他们满意的是能够躺平。如果让他们干活,马上就不满意了。比如,某些所谓老板特别好的企业,提供舒适的工作环境,较高的工资待遇,以及让人羡慕的福利条件。但是,绝大多数员工小富即安,不思进取,整个公司一片祥和,被称为"养老院"。

其次,员工认真干活与服务客户也没有必然的关系。有的员工倒是挺认真、挺负责的,但眼里没有客户,更谈不上以最大的热情服务客户。比如,要求说明每一分钱去向的财务总监,追求生产效率却拒绝任何插单的生产经理。

再次,员工以最大的热情服务客户与客户满意仍然没有必然的关系。员工的热情可能有时候短时间感动客户,但只要不能为客户创造价值,客户最终是不会满意的。让客户满意,不在于员工的热情(当然是一个非常重要的项目),关键在于为他创造价值。

最后,客户满意了,老板满意吗?让客户满意,不仅仅需要热情,还需要资源,需要成本,需要投入。企业有这些资源吗?企业负担得起这些成本吗?投入的回报足够吗?这都需要计算与评估。让客户满意是好事,前提是企业自己能活下来。也就是说,让客户满意,也得让老板满意,这才是双赢的本质。

4.1.2 为什么选择员工满意度

既然员工满意度人人喊打,本书为什么还要选择以员工满意度作为学习与成长层面的关键指标呢?

员工满意任何时候都是创造绩效的深层驱动力

员工或系统的学习与成长,是为了支撑流程良好运行,创造客户价值,从而实现股东价值(企业价值)。学习与成长的目的是创造绩效,而创造绩效,有三个核心因素,一是有动力,二是有能力,三是有方向。

对于供应链人、供应链管理者或知识工作者来说,这三个因素的深层驱动力都是员工满意。

什么时候有动力?员工满意了不一定有动力,但员工不满意肯定没动力。对于供应链等知识工作者来说,发现问题,创造绩效,很多时候,需要靠那些无法说清的"经验"。什么时候能充分利用他们这些经验呢?就是他们满意的时候。比如,某物控人员在仓库查看库存时,凭他的经验发现一些物料的质量存在隐患,如果他当时正对公司一肚子怨气,大概率他会看到了当作没看到。当然,也不排除有一些人越不满意越有动力,"今天你对我爱答不理,明天我让你高攀不起",这类人属于天才,问题是你有没有这样的天才?

什么时候有能力?这里的能力指的是完成工作的能力,而不是员工的专业水平或所拥有的技能。首先,对能力的需求是有弹性的,有一定的兼容性,如果员工满意,这个弹性会发出正面力量,不满意,则能力大概率跟不上。其次,能力是生长出来的,如果员工满意,能力的生长速度将大于对能力需求的提升速度,从而为企业创造绩效。最后,在多数情况下,没有不合适的能力,只有不合适的安排,如果员工满意,要么与完成当前工作相关的能力快速生长,要么,能找到其能力的其他出口,一样能够创造绩效。

什么时候有方向?方向是企业的目标,如果员工满意,大家一起朝着同一个目标走,力出一孔,企业才更容易成功。如果员工不满意,就会觉得企业的目标与他没有关系,自然就没有方向,就很难创造绩效。

本书是以库存管理讲供应链，所以涉及的人员集中在供应链管理层与计划物控，不包括生产和仓储的一线员工，人数不会太多。员工满意度，是适应库存管理学习与成长层面的指标。

不会用工具，为什么要工具来背锅

目前，管理方面，不仅仅是员工满意度，还有"战略""定位""精益生产""EMBA""阿米巴"等，大家都认为这些是大道理，太理想化，做不成功，甚至起反作用，严重的，会把企业做倒闭了。

其实，不管是"员工满意度""精益生产"，还是"阿米巴"，都是我们为实现目标而采取的方法或工具。

库存管理的目标是通过完成预测、计划、采购、生产、仓储、物流等任务，满足客户需求。而为了更好地完成任务，实现目标，才采取"员工满意度""精益生产""阿米巴"等方法与工具。

方法、工具没有对错之分，只有合适与不合适之别。你拿一把菜刀来砍树，发现特别难用，甚至不小心还会误伤了自己，于是你说菜刀不好，都是坑人的，这显然不合理。你需要做的不是把锅甩给这个工具（菜刀），也不是去找更好的菜刀，而是承认自己用错了工具，赶紧去换把斧头。你的菜刀，把它用来切菜就行。

同样，如果你拿菜刀切芹菜，但把刀刃向上，用刀背猛切，自然，晚上的芹菜炒肉是没指望了。这时，如果你认为菜刀不好，都是菜刀的错，这个锅应该由菜刀来背，菜刀有感知的话，想必会找你拼命。

员工满意度等，只是一个工具，仅此而已。我们不能因为用不好这个工具，就认为员工满意度是个伪命题。

我们需要做的，是用好这个工具，让它来助力我们完成任务、实现目标。

4.1.3　员工满意度的评估

如何用好员工满意度这个工具呢？设计好调查项目、评估规则，进行调查与评估。

员工满意度的调查项目

同员工满意度人人喊打一样，员工满意度调查，也受到过很多非议。但管理是解决问题并不是消灭问题，我们需要直面这个满意度调查。

满意度调查，不是询问员工要不要"活少钱多离家近，睡觉睡到自然醒"，而是先想明白我们为什么要做员工满意度，再来选择调查项目，确定调查方法和评估调查结果。

我们为什么要做员工满意度？为了提高供应链员工保持率，为了提升供应链人效，支撑供应链流程运行，从而达成客户指标，实现财务回报。总之，供应链做员工满意度调查，是为了更好地为客户服务，实现股东回报。

基于这个定位，我们列出了一些库存管理的员工满意度调查项目与评分方法，大家可以继续补充，或直接从中选择即可。

（1）公司的战略目标的认同度（不知道0分，认同程度1~5分）。

（2）库存管理目标的认同度（不知道0分，认同程度1~5分）。

（3）对参与上一级的决策的满意度（1~5分）。

（4）一年内是否有升职加薪的机会（1~5分）。

（5）工作表现优良时能否得到上级或公司的肯定（1~5分）。

（6）对目前的职务或岗位是否满意（1~5分）。

（7）对目前的绩效标准和考核方式是否满意（不知道0分，1~5分）。

（8）一年来计划、库存、团队管理等方面的能力是否有提升（1~5分）。

（9）是否感觉有些时候在与公司博弈（1~5分）。

（10）是否能得到胜任工作所必需的充足信息（1~5分）。

（11）企业是否积极鼓励员工的创造性和主动性（1~5分）。

（12）公司行政、财务等职能部门是否给予足够支持（1~5分）。

……

需要特别说明的是，员工满意度调查要避免进入信息茧房，只调查你喜欢的或你自认为重要的。信息茧房是近几年因推荐算法而衍生的一个词，指的是算法的推荐会让你的偏好不断加强，不断蒙蔽你，到最后不断地自以为是，就像进入了茧房一样。比如，一些 App 推送你喜欢的内容，你不喜欢、不认同的全部过滤掉。

员工调查项目与方法应该是动态的，适时而动，适事而动，不断根据我们的目的、目标而调整变化。

员工满意度的调查方法与评估

前文已经说过，库存管理涉及员工满意度调查的人不会太多，所以，调查方法可以很简单。

（1）调查时间：每个季度中期（比如 2 月、5 月、8 月和 11 月）进行一次随机调查，调查的人数为库存管理涉及的四分之一。每年末或年初进行一次全面调查。

（2）调查方式：匿名问卷调查，需要确保匿名并且让团队成员相信是真正的匿名。可以采取的方法有，用小程序设置好调查项目，填报时间设置长一些（比如一个星期），要求参与调查人员借用其他人账号填报（不允许使用自己的账号）。

（3）收集调查结果，计算平均员工满意度。**员工满意度 = 员工实得分 ÷ 卷面总分**。

（4）对调查结果进一步分析，找到改进点或机会点。比如"公司的战略目标的认同度"这个项目，得 0 分的超过一半（即根本不知道战略目标），那么，就找到了我们需要改进的地方，再有针对性去寻找解决方法。

（5）最关键的一点，"员工满意度"只用来管理（改善和提升），而不能用来考核。

4.2 "必然选择"的学习与成长指标：员工保持率

在员工稳定性方面，我们最初选择的指标是员工流失率。后来想到，在管理与激励方面，正面描述的作用正常情况下要大于负面描述，于是选择了正面的描述"员工保持率"。

有一个说法，库存管理人员（或与之类似的相对依赖经验的知识型人员），仅仅是招聘和入职之间，更换员工的花费就可能是员工年薪的50%～60%。这还不包括新员工的培训成本和风险，也不包括更重要的老员工经验流失、老员工对客户敏感度流失的损失。所以，在大多数情况下，在库存管理指标体系中，学习与成长层面，员工保持率是必然的选择。

4.2.1 什么是员工保持率

员工保持率是在一定时间内仍然留在公司的员工人数占总员工人数的比例，是衡量公司人力资源管理效果的重要指标之一。在库存管理中，员工保持率指的是一定时间内供应链团队留下的人数占团队总人数的比例。

在讲员工保持率时，有几个关键点，以下进行逐项说明。

留在公司的员工

员工保持率暗含的理论是企业在员工身上进行了长期投资，因此，任何不是出于公司意愿的员工离职，都表示公司智力投资的损失[①]。所以，留在公司的员工，是公司希望留下的员工，那些公司主动放弃的，在员工保持率的衡量之外。

员工保持率以"挽留那些与企业长期利益息息相关的员工"为目标，"选择合适的员工"则是员工保持率的起点。有下面这样一个案例。

杭州一家电商民营公司，某年业绩快速上涨，工厂开两班并满负荷生产，才能满足客户需求。自然，也给负责物料计划的物控部带来了相当大的压力，尤其是人手不够的压力。

物控部共两个人，一位主管，一位文员。主管负责物料计划和库存控制等物控的核心工作，文员负责跟催、与相关部门对接、库存查询与确认

[①] 引用自罗伯特·卡普兰和戴维·诺顿2004年6月在广东经济出版社出版的《平衡计分卡：化战略为行动（珍藏版）》。

等杂事。因工厂开两班，各项杂事特别多，物控主管的时间也大量占用，就算这样，也干不完，于是物控部两人天天加班。

物控主管申请再招一名物控文员，大领导同意了，但大领导要求，一定要招到有一定水平的物控人才，比如两年以上物控经验、懂计划、懂MRP、Excel熟练、会建模等，还要善于沟通，情商高（因为物控要和工厂各个部门打交道）等。大领导的理由是，公司在快速发展，人员素质必须要跟上，只有这样，才能适应未来的再增长。

结果想来大家也猜到，进进出出，招了几个月，也没真正招来一位物控文员。整个物料管理一团糟，爆仓与断料相伴相随，令工厂运作相当被动，直接影响了公司的业绩。

雪上加霜的是，因长时间加班和高强度工作，另一名物控文员也提出辞职……

想明白要什么，选择合适的人，是员工保持率的起点。如果人不合适，满眼都是企业想要放弃的人，员工保持率就没有任何意义。再说，很多人，很多时候，"想办法让他留下来"，往往不如"果断地让他离开"。

一定时间内

员工保持率是一个期间指标，衡量的是一定时间内的管理水平。这个一定时间内，是多长的时间呢？通常有年度、季度和月度三种选择。

对于库存管理来说，员工保持率一般以年度衡量为宜，有以下两点原因。

（1）库存管理是一个受经验及对物料、工艺的熟悉程度影响较大的岗位，不管是管理岗还是计划岗，时间短的话，都无法对一个人进行较客观的评价（价值观问题及明显水平不够的除外）。无法客观评价的话，公司意愿就无法明确，员工保持率的衡量也就失去意义。

（2）库存管理是一项长期工作，也是一项一定周期内才能真正看到成效的工作，不宜用短期指标来衡量。比如，对一些季节性需求来说，如果不经过一个完整的季节周期，很难评价库存管理的价值。

所以，库存管理指标体系中学习与成长层面的员工保持率，建议以年度为单位进行评估。

"仍然"留在公司

员工保持率评估的是"保持"，在一定时间内，始终留在公司的就是保持。员工保持率评估的是这个"一定时间内"期初人数的"保持"情况，也就是说，员工保持率是公司所保留的员工数量与期初员工总数的比例。中途加入的，新入职的，不在评估范围之内。

不管是员工保持率，还是员工流失率，所对比的都是期初人数，而不是期末。因为保持，是期初的"仍然"留在公司；流失，只有期初有人，才能流失。

至于新员工，根据管理需要，我们也可以用指标"新进员工保持率"或"新进员工流失率"来评估他们的留存情况，以加强对新员工的关怀与管理。

4.2.2 员工保持率的计算

根据以上对员工保持率定义，很容易得出员工保持率的计算公式：**员工保持率 = 仍然留在公司的员工人数 ÷ 员工总人数 × 100%**。

员工保持率的公式演算

因为员工保持率衡量的是"仍然留在公司的员工"，所以，在上面公式中，**员工总人数 = 期初人数。仍然留在公司的员工人数 = 期初人数 − 期初员工的离职人数。**

因为仍然留在公司的员工人数不考虑新进员工，而**期初人数 − 期初员工的离职人数 + 期末还剩下的新员工数量 = 期末员工总数。**

所以，**仍然留在公司的员工人数 = 期末员工总数 − 期末新员工数量。**

因此，**员工保持率 =（期末员工总数 − 期末新员工数量）÷ 期初员工总数 × 100%**。期末员工总数是期末这个时间点在职的员工总数，包括当期新入职员工和期初就在职的老员工。

比如，某公司库存管理团队，2024年初8个人，各司其职，各自为公司创造价值；2024年底，团队人数10人，其中当年新入职的3人。

这个库存管理团队的员工保持率＝(10−3)÷8×100%＝87.5%。

员工保持率可以在横向上，从公司整体层面计算（为人力资源关键指标之一），或按不同部门或职级等维度进行计算和分析。也可以在纵向上，按试用期员工保持、转正员工保持或入职半年员工保持等维度计算。

另外，前文提到，员工保持率衡量的是公司希望留下的员工，那些公司主动放弃的，在员工保持率的计算之外（当年退休人员也应归于此类）。所以，以上公式调整为：

员工保持率＝(期末员工总数−期末新员工数量＋公司主动放弃的人数)÷期初员工总数×100%。上面案例中，如果当年离职的1人是公司主动放弃的，那么，这个库存管理团队的员工保持率＝(10−3+1)÷8×100%＝100%。

那么问题来了，是不是在计算员工保持率时，那些离职的人，往往都会被认定为公司主动放弃的呢？很简单，按人力资源部的记录，主动放弃是需要赔偿的，有赔偿的，才能算作主动放弃的。

员工稳定情况有时可以直接用员工流失人数衡量

假设某公司库存管理团队，期初3个人，期末也3个人但有一名新员工，这种场景，还需要计算员工持有率吗？

我们的任何管理动作，都是为了解决我们的问题，实现我们的目标。如果有简单的方法能够实现目标，就没必要用复杂的工具。

实际工作中，人数有多有少，并非所有情况都用"率"来统计。对于有些库存管理人数较少的企业，可以直接用流失人数来衡量更加直观。上面那3个人的例子，说"今年老员工走了1人"比"员工保持率66.7%"要好得多。

非"主动放弃"员工的流失因素

员工稳定当然是好事，但员工流失也很正常，关键在于我们把握住那些不是"主动放弃"的人。我们需要采取各种激励措施，以推进整个组织的发展，也可以采取如末位淘汰机制等，主动放弃。

影响员工（非主动放弃）流失的因素主要是以下三点：

（1）金钱。也就是薪酬与福利待遇。一般情况下，薪酬是决定员工流失的最重要的因素。如果员工能够在市场中相同职位获得较高待遇，就很可能主动离职。

（2）能力。人家在你这里干活，能不能提升他的能力？能不能让他未来更具有竞争力？对于年轻一代来说，有时能力比金钱更重要。

（3）机会。有没有让人看到机会或希望，他的表现有没有得到公司或上级的认可，人家有没有盼头。这一点也非常重要，尤其是那些有能力的员工。如果看不到希望，而外面又有机会时，他们很可能会心动，尽管有时并不十分想走。

4.3　"先定目的"的学习与成长指标：供应链人效

供应链人效，反映的是供应链员工生产率。提高员工生产率，提升人效，有一种常见的方法，减员增效。比如，减少人数，让3个人干5个人的活拿4个人的工资。这当然是一种好方法，但前提是这些干了5个人活的人，真的能拿到4个人的工资。

下面来看一个案例。

东莞某工厂生产计划团队，编制4人（计划经理带三名生产计划员），生产计划员人均月薪7 000元。

某天，一名生产计划员离职，厂长与计划经理商量后，确定不招人，这名离职生产计划员的工作分配到另两个生产计划员（即两个人干了3个人的活，当然经理也辛苦多了）。厂长很不错，承诺给这2个生产计划员每人加2 500元工资，2人都同意了，并且很高兴。

看起来皆大欢喜，但是，等到发工资时，两名生产计划员发现工资并没变。

计划经理找HR，找厂长……最后，HR经理一段话，让厂长又启动了计划员招聘。

HR 经理说：生产计划员加工资了，物料计划员要不要加？品控员要不要加？仓管员要不要加？生产班组长要不要？办公室的一大堆文员要不要加……

在局部（部门）内靠减员，往往很难提高人效。这时，有一些比较大方的老板，采取了给员工发钱（奖金等）的方法。他们觉得发了钱，员工就满意了，满意了就认真干活，认真干活，人效就会提升。

这也有点儿想当然了，给员工发钱，员工就会满意吗？说不定人家一肚子火呢，说你搞大锅饭，说你不公平……就算员工满意了，就会认真干活吗？也未必。认真干活了，人效就会提高吗？更不一定，相反，如果找不到方法，再认真也出不了结果，如果找错了方向，越认真，危害越大。

提升人效，要先明白人效管理的目的。好的人效管理，是通过激励员工（发钱或其他），让员工通过流程，为客户创造价值，从而为企业创造价值（实现股东回报）。

4.3.1 供应链人效的计算

人效计算，可以很简单，**人效 = 产出 ÷ 投入**。比如人均业绩，某销售团队的人效 = 当月业绩 150 万元 ÷ 当月该团队的工资总额 12 万元 = 12.5。

人效计算，也可以很灵活，比如人均发货量，平均每人每小时处理订单数，人均产能等。

人效的产出与投入

人效计算公式中，产出和投入都有多种选择。

产出，可以是效益方面的产出，一般体现为财务指标，比如收入、利润、回款、产值、成本节约、费用降低等。也可以是效率方面的产出，一般体现为业务指标，比如客户数、点击数、订单量、销售数量、产能、浏览量、翻台率、转化率等。

投入，包括各种资源的投入，可以是钱（人效体现为"元均"），可以是人（人效体现为"人均"），也可以是时间（人效体现为"时均"）。

产出与投入两两组合（产出/投入），可以得出各种人效指标，比如，人均销售收入，人均回款，每1元销售费用创造业绩，每1元人力成本创造利润，单位时间产能，平均每天产值等。人效指标的具体选择，企业根据实际管理目的及运营需要而进行，比如，企业现金流压力大，可以将人均回款作为人效的重点衡量指标；企业面临流量压力，可以将每元投入带来流量作为人效的重点衡量指标。再比如，当企业想要对比下属不同分子公司产能时，可以将人均产量或人均产能作为人效分析指标。

人效在计算时，产出的值一般采用实际数据，比如实际的销售收入、回款、利润、订单量、点击数等。而投入，往往不是一次性的，投入的值一般用平均值来计算，**年度平均＝每月平均之和÷12，月度平均＝（上月末＋当月末）÷2**。

供应链人效的产出与投入

人效的计算区间，一般有年度、季度和月度等。因库存管理的连续性与长期性，供应链人效建议为年度计算。

先讲一讲供应链人效的产出。在本书第1章"库存的投资回报"中讲到，库存的投资回报对齐了企业战略，打破了销售与供应链的囚徒困境，几乎可以说是库存管理的唯一指标。以此出发，供应链人效的产出，应该也只能是库存的投资回报。关于库存的投资回报的具体数额与计算，请回看本书的第1章。

再讲一讲供应链人效的投入。一般来说，库存管理涉及的人不多，如果计算人均，人效的波动性就会太大，人员的结构差异也无法体现。所以，供应链人效的投入，建议采用对供应链人员的薪酬总投入来计算，即供应链人力成本。

所以，**供应链人效＝库存的投资回报÷供应链人力成本**。人力成本以年为单位统计，包括工资、奖金、福利、各项补贴及公司承担的社保等，直接从人力资源或财务处取数。

4.3.2 供应链人力成本与人效分析

公司必须在工资增长的同时，效益更快增长，而不是工资增长速度超过了效益增长速度。我们一定要保证个人收入增长率，不超过公司劳动生产率的增长率,这样才能持续发展①。

对应到供应链人效,工资就是供应链人力成本,效益就是供应链人效,供应链人力成本与人效分析,从人力成本增加速度和供应链人效增加速度两个维度展开。

供应链人力成本增加速度与供应链人效增加速度

情景1:人力成本增加1倍(或增加了1倍的人),供应链人效增加2倍,即人力增速<人效增速。

这是优秀人才或可塑性强的供应链人才,企业有必要加大对这些人的投入,给他金钱、机会提升他的能力,让他带项目、带团队、带徒弟,总结他的经验,固化他的方法,做知识管理与人才复制。

情景2:人力成本增加1倍(或增加了1倍的人),供应链人效也增加1倍,即人力增速=人效增速。

这种情况,企业正常投入,并寻找提升人效的方法。

情景3:人力成本增加1倍(或增加了1倍的人),供应链人效却只增加0.5倍,即人力增速>业绩增速。

这时,必须找到真正的原因,从而对症下药。比如,停止一些价值不大的工作(如做非常专业、复杂但没人看只能自己欣赏的报表),从而停止招聘或减员。

注意一点,供应链人效指标及人效分析是用来辅助决策的,而不是用来考核的。

---

① 引用自任正非2000年在HAY项目试点会议上的讲话。

实战篇　库存管理的五条实战路线

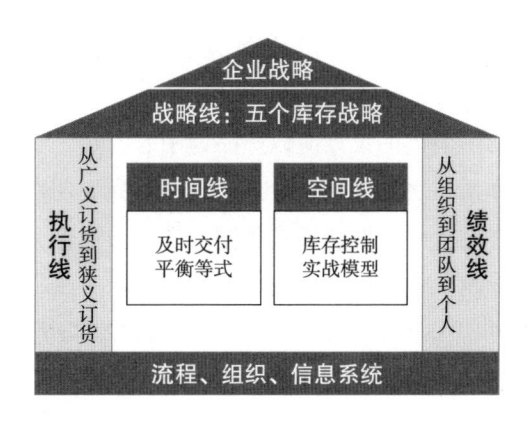

企业战略

战略线：五个库存战略

执行线　从广义订货到狭义订货

时间线　及时交付平衡等式

空间线　库存控制实战模型

绩效线　从组织到团队到个人

流程、组织、信息系统

第 5 章　战略线：库存管理的五个战略

绪论中已经提到，在战略层面，从企业的角度来说，其实并不存在库存战略，库存管理只是企业战略的一个执行环节。不过，如果单独站在库存管理的角度，将"执行企业战略"，称为"库存战略"，似乎也无可厚非。所以，本章仍直接称为库存战略。

战略是一项老板工程，极其重要，有时很单纯，有时也特别复杂。供应链战略方面有个经典的理论，产品-供应链匹配理论，或称费舍尔模型，由美国学者马歇尔·费舍尔于 1997 年提出。

费舍尔认为，供应链的设计应以产品为中心，每一类产品都需要有相应的供应链服务体系与之匹配。费舍尔认为，首先要明白用户对企业产品的需求是什么？产品生命周期、需求预测、产品多样性、提前期和服务的市场标准等都是影响供应链设计的重要问题。

因此，他将产品分为功能型产品和创新型产品两类。他认为功能型产品品种规格不多，通常有稳定且可预测的需求和较长的生命周期，匹配成本效率型供应链；而创新型产品则相反，品种多样，市场需求易变，可预测性弱，生命周期短，匹配快速响应型供应链，以对市场需求做出快速反应。

基于费舍尔模型，目前业界有两个比较常见的应用矩阵，以及与之相匹配的供应链战略。

一是以需求的不确定性和供应的不确定性两个维度，将供应链分为效率型供应链、响应型供应链、风险规避型供应链和敏捷型供应链，如图 5-1 所示。

效率型供应链，需求和供应都相对较稳定，以最优的效率追求最合理的库存。比如，追求规模经济，实现最优的产能利用率等。

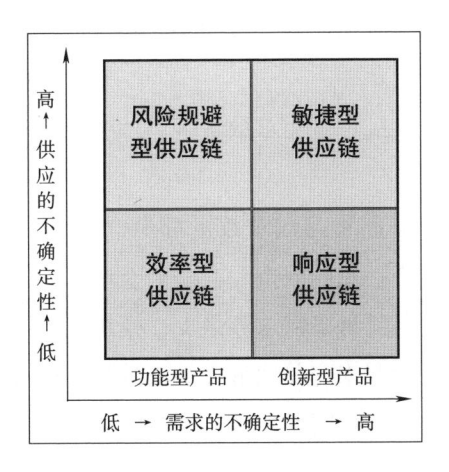

图 5-1　供应链战略矩阵 1

响应型供应链，需求的不确定性高但供应相对比较稳定，采用按订单生产和优化订单尤其是定制订单流程，以满足客户的具体要求。

风险规避型供应链，低需求不确定性高供应不确定性，共享需求与库存信息，整合供应链资源，共担（转移）供应风险。

敏捷型供应链，需求和供应的不确定性都高，结合了"风险规避型"和"响应型"供应链的优点，既在前端快速响应不断变化、难以预测的客户需求，又在后端将供应风险降至最低。

二是从产品需求数量的多少和产品种类的多少两个维度，将供应链分为渠道供应链、精益供应链、柔性供应链和敏捷供应链，如图 5-2 所示。

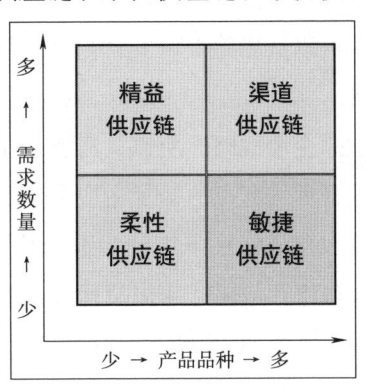

图 5-2　供应链战略矩阵 2

渠道供应链，产品品种与需求数量都多，常备安全库存以确保供应稳定。

精益供应链，产品品种少需求数量多，持续减少多余库存，加快存货周转。

柔性供应链，产品品种与需求数量都少，生命周期短，避免多余库存，提升反应速度牺牲一定的效率。

敏捷供应链，产品品种多需求数量少，模块化，按订单装配。

以上两个矩阵，看起来完美地解决供应链与库存战略问题。但是，这个战略，如何承接企业战略呢？如何从战略到执行呢？仔细一研究，我们发现很复杂，一时还真不知从哪着手。

首先，费舍尔的假设（功能型产品可预测性强，品种少；创新型产品可预测性弱，品种多），在当今时代，似乎有些勉强或牵强，基于这种假设的战略天然难以落地。

其次，功能型产品和创新型产品界限并不明显，在实际运营场景中，需求的不确定、供应的不确定多种状态可能同时并存，如果强行归于多类，则可能极其复杂，对管理能力要求极高，落地的成本也极高。

再次，从产品品种与产品需求数量两个维度确定供应链战略，在实战中很难操作。比如不管品种多少，都可能是爆款和长尾并存，那是产品品种多呢？还是需求数量少？

最后，我们觉得费舍尔模型，以及由此衍生的两个矩阵，更多的是一种理论，或一种知识，可以从思路上启发我们制定战略，但不宜拿来作为制定战略的方法或工具。

库存管理，向上支撑企业战略，所以，需要基于企业的整体战略，制定库存战略，这是库存管理的起点。为了适应大多数民营企业的现状，为了更容易落地，我们将库存战略往下细分为五个战略：①定制库存战略；②新品库存战略；③长尾库存战略；④退货库存战略；⑤投机库存战略。

每个细分战略都需要回答两个问题：

（1）做什么，不做什么？

（2）如果做，怎么做？如果不做，如何应对（风险或损失）？

5.1 定制库存战略：定制库存的四个策略

有一种说法，随着多品种、小批量甚至单个的定制需求越来越多，传统的大规模生产模式已经不符合当下市场的需求，如何在满足客户个性化需求的同时，将库存控制在合理的水平，是如今企业面临的现实问题。

于是，有人提出，不要试图满足所有客户的需求，也不要试图满足客户的全部需求，企业需要综合考虑客户服务水平、缺货成本、库存持有成本三者之间的平衡。

也有人提出，定制化需求，采用拉式策略，按订单生产（英文简称MTO），同时，不断缩短供应时间，提升供应链柔性，这样在满足客户需求的同时，能够最大限度地降低库存风险。

还有些企业，投入大量资源以提高供应链效率。比如：建立包括订单处理及物流交付的高效信息网络；重新设厂以更接近客户；使用更尖端的预测技术；建立复杂供应链库存管理系统；使用各种高效的物料转运和加工的工厂自动化设备等。

以上的说法和解决思路（方案）都很对，在实际中有时确实能解决问题，也有一些成功案例。不过，这种一下子就下沉到"术"（解决方案）的层面的解题方式，更多的时候，在更多的企业中，是一种理想或愿望，无法真正落地。

比如，平衡客户服务水平、缺货成本与库存持有成本，以什么标准平衡？

比如，提升供应链柔性MTO，会不会柔性提升的速度赶不上订单（客户）丢失的速度？

比如，为提高供应链效率而进行的大量投资，有没有可衡量的回报，会不会影响企业现金流？

遇到问题（或机会），"术"很重要，但从"道"到"术"是应有的顺序。

什么是"道"？对于企业来说，就是战略，就是目的（目标）。定制库存战略，需要先弄明白两个问题：

（1）做什么，不做什么？——回答"为什么"。

（2）如果做，怎么做？如果不做，如何应对（风险或损失）？——回答关键策略。

5.1.1 定制库存，做什么，不做什么

有人说，一流的企业建标准，拥有标准的企业可以引领需求（比如华为），企业不能盲目追求个性化定制。

这个说法很有道理，但对于大多数中小型企业一说，也只仅仅是很有道理。当作一杯鸡汤偶尔喝喝没有问题，如果把它当饭吃，那就略显幼稚了。当然，如果你认为你立志成为任正非，当我没说。

定制，必将拿到战略层面考虑。定制库存战略，可以按以下顺序梳理。

（1）你的目标客户是谁？这些目标客户群体如何进行细分，每个细分的目标群体的需求是什么？他们有哪些痛点？

（2）为满足目标客户的需求，解决他们的痛点，你们提供什么样的产品？这些产品需要定制吗？必须定制才能满足客户需求吗？——如果答案是否定的，定制库存战略就是不需要定制库存。（注：满足客户需求的，有产品和服务，但本文讨论的定制库存战略，仅涉及产品方面。）

（3）如果必须定制才能满足客户需求，那么，客户需要什么样的定制？是从内容到包装专门给他设计？还是仅需要增加一些个人的元素或特殊需求？或者是提供模块让他自由组合？

（4）你有资源和能力进行定制吗？客户接受完全订货提前期吗？你的合作伙伴能够提供支持吗？你的成本支撑得住吗？

这四个问题一问，一些"为什么"的问题就会得到回答，"做什么，不做什么"，也就会非常清晰。

做什么？比如，大多数客户的需求只是希望在产品外包装上增加一些个人的元素，那么，企业可以考虑，满足客户在外包装上印制客户专属信息的定制需求。

不做什么？比如，有少数客户希望按他们提供的配方工艺生产，但企业成本太高，且质量不易控制，于是企业可以决定不接受这些客户更改用料、配方、工艺的定制需求。

5.1.2 如果做，怎么做？如果不做，如何应对

其实，所谓的个性化定制，很多时候只是站在单一的、具体的客户角度而言的，有很多个性化定制，并不是真正的个性化定制。

雷军说："很多人觉得，自己遇到的问题，只能自己琢磨、自己搞定。实际上，无论你遇到什么问题，别人可能都遇到过，都解决了，99%的问题都有标准答案。"[1]

你遇到的问题，在你看来可能是"独一无二"的难题，但对别人可能就是一层窗户纸。个性化定制也一样，很多时候，对你来说是"独一无二"的定制，但当放大到整个群体，可能就是"大路货"。这是定制的第一个常见的误区。

定制的第二个常见的误区，是认为定制需要完全按客户要求来。其实，相对于整个产品，绝大多数的定制部分不超过10%，有些甚至只有1%。耐克一直强调它的个性化服务，曾推出一个Sportswear "90/10" 系列，所谓90/10，就是说10%可以由消费者自行创作（定制），但要求消费者在挑选完球鞋款式后，再根据自己的喜好对剩余部分进行设计。

定制库存的四个关键策略

基于定制库存战略及以上两个误区，本书提出定制库存的四个关键策略（怎么做）。

（1）原材料通用化。不因定制而增加材料品类，减少产品和工艺的复杂性，降低复杂度，也降低原材料库存并提升柔性。

（2）半成品模块化。将产品分解为便于组装的模块，将客户需求的各种定制功能放进各个模块，可以相对精准地备半成品库存，并大幅度加

---

[1] 引用自雷军2023年年度演讲。

快交付速度，增强企业竞争力。比如，大信橱柜董事长庞学元曾提到，自己一开始搜集了10套自己做过的橱柜进行分析，总结4 365个解决方案，觉得不够，于是又整理历史大数据，在此基础上经过九次升级和无数次失败，最终总结出2 730多个模块，做到无限度定制。

（3）定制过程标准化。既然定制，如何做到标准化？这似乎是个矛盾。其实不然。我们这里说的是定制过程，公司设定定制流程（标准），引导客户一步一步完成定制。

（4）个性部分按订单生产。客户完全个性化定制部分，在销售策略中明确，接单后开始采购（或生产），这样可以和客户约定合理的提前期。同时打通供应链，加速交付，快速响应客户。这时也可能出现一种情况，就是某些客户取消订单或长时间不要货，这些准备的物料就会快速地变成呆滞库存，企业需要及时处理，并将这部分库存从供应链各种绩效计算中扣除。当然，企业更应该做的是采取预收款项或合同制约等方面来规避或减少这方面的损失。

如果不做的三项应对措施

首先，放弃。放弃这少数或极少数客户，但保持链接。——少数不仅仅指客户的数据，更多指的是客户的贡献。比如仅贡献5%业绩的客户，哪怕数量众多，也是少数。

其次，升级。升级产品培训，让销售人员真正懂产品，引导客户购买标品或公司可以接受的定制。——很多时候，客户要求的一些定制，其实产品本身就含有这样的功能，但客户不知道，销售人员也不知道。典型的，比如，上软件、上系统，表面看是个性化需求的开发，但事实上系统中已经有很完备的这样的功能。

最后，开发。对这些不做的客户定制需求进行收集、汇总和分析，找出共性，考虑是否开发新产品以满足客户需求（包括新设计、新材料、新工艺等）。

5.2 新品库存战略：新品库存的七个方法

"永远缺新品，永远卖不完的库存"，一边不停地上新，一边不停地处理呆滞，这种现象并不鲜见，比如服装行业。

5.2.1 新品的囚徒困境

上新之前，谁也不知道哪款产品会爆。于是，站在销售的角度，以漏斗理论，上新越多，大爆的概率越高。另外，上一款新品，多多少少总能带来一波业绩，并且可能给未来带来更多的业绩。所以，销售热衷于上新品，上新速度越快越好，新品越多越好。

但站在供应链与库存管理的角度，一来为提升效率，最优选择是大批量生产，但上新时，大多数新品需求非常小且零碎，需要不停地换产造成效率低下；二来新品从来都是呆滞的重灾区，是库存高企的推手，有时，辛辛苦苦控制的库存，新品一上，全被吞了；三来新品也是缺货与催货的重要来源，就如网红是偶然产生的一样，新品爆发，往往也无征兆了，而销售下滑，更是防不胜防，货备少了，缺货，备多了，呆滞，让库存管理者心累。所以，供应链希望产品集中，不希望频繁上新品，更不希望同时上多个系列的新品。

而新品研发呢？一是不停地研发出自我感觉极其厉害的产品，但销售不愿意卖或卖不出去，造成库存堆积和呆滞；二是坚决满足"客户需求"，只要有客户提出的（哪怕是极少数客户提出），都着手研发（改进），最后产品越来越多，复杂到整条供应链找不着北。

这些就是新品的囚徒困境。

打破新品的囚徒困境，需要从战略层面回答两个问题，即新品库存战略：

（1）做什么，不做什么？

（2）如果做，怎么做？如果不做，如何应对（风险或损失）？

5.2.2 新品库存，做什么，不做什么

随着各种技术创新，产品的生命周期被不断地压缩，很多企业被迫加快技术创新的速度，不断地推出创新产品。而生命周期的缩短，需求和供应越来越不确定，这些企业在投放创新产品时，通常会面对产能或库存方面的风险。当市场需求攀升时，出现产能不足而损失销量；当需求下滑时，会因库存过剩而降价销售或产品报废①。

这是供需的矛盾，也是囚徒困境更深层次的体现。不过，不论如何，企业要发展，持续不断地上新，是绝大多数企业的必然选择。

所以，做什么？不做什么？不是考虑要不要上新品（必然要上），而是考虑上哪些新品，放弃哪些新品。这是新品战略或新品库存战略真正需要明确的问题。

新品研发的方向："洛伦茨方法"

对于研发投入，部分企业期望用大笔投资换取高额回报，它们总是寻求开发轰动市场的产品（不乏一些大企业，如宝洁公司）。但是，这些大笔投入所带来的回报往往不尽如人意。

新品研发，建议参考基于研发投资理念的，由混沌理论之父、麻省理工学院数学家爱德华·洛伦茨提出的"洛伦茨方法"。

洛伦茨在研究气象规律时发现，微小的活动有可能造成重大后果。一只蝴蝶扇动翅膀，可能导致一场龙卷风的形成。一个由众多公司、客户、竞争对手、供应商和影响者组成的复杂系统，也可以放大或减弱一个创新所造成的影响。在这样一个世界里，宏大的创意可能凋亡，微小的创意则可能茁壮成长。"洛伦茨方法"不追求庞大的研发预算，聚焦于本公司畅销品牌的小幅改进。

基于"洛伦茨方法"，以及包括经济周期在内的各种周期的不确定，从客户需求角度出发，本书建议按如下比例分配新品投入资源：

---

①引用自张以彬 2010 年 5 月在上海财经大学出版社出版的《创新产品供应链的供应柔性和库存风险管理》。

70%的资源投入到当前主导产品，紧盯短期投资回报；

20%的资源投入到战略型新产品，评估长期投资回报；

10%的资源投入到探索未来产品，综合考虑赛道大小和成功概率。

新品研发的取舍："日落法"

"日落法"，又称"夕阳法"，是1976年美国科罗拉多州首创的立法制度。其主要思想是，授予行政机关的立法权，经过一段时间，非经再授权，行政机关的授权立法权就自行失效。也就是说，批准一个法规的时候就要明确失效（日落）的日期，除非得到再次批准，否则到期自动失效。

日落法的主要目的是"倒逼"相关部门定期对计划或制度流程进行评估，以证实其计划或制度流程的准确性、适宜性和有效性，从而减少不再适用的规则或冗余流程，提升效率，增加回报。

华为流程变革时，任正非曾提出，每增加一段流程，要减少两段流程；每增加一个评审点，要减少两个评审点。这是日落法的典型应用。用到新品战略上，在产品设计阶段，或者产品研发阶段，采用日落法，就是上一个新产品，必须减少（淘汰）一个老产品。如果不想减老品，就坚决不要上新品。

日落法主要表达的意思，其实就是取舍。战略形成的过程，也就是取舍的过程。对于新品来说，一方面，企业创新必不可少，新品上市也必不可少；另一方面，新品不是越多越好，我们要以日落法来抑制盲目上新的欲望。

5.2.3 如果做，怎么做？如果不做，如何应对

（1）预售或按订单生产。这是最理想的，更是一种值得尝试的追求。不过，在很多企业的实际经营中，客户要求快速交付，按订单生产很难，预售，更难，这时就需要其他策略。

（2）奥卡姆剃刀。如无必要，勿增实体。如果现有的材料能够解决新品上新的问题，就不要上新的材料。这样，会更好地保障供应，也避免了因新材料而带来的一系列库存。

（3）日落法。这里主要针对新材料。上一个新材料，至少替换一个

老材料。随着科技的发展和越来越多的创新，使用新材料是必然的趋势，但在新材料的使用过程中，要避免过热和盲目使用，也避免由此而造成的库存失控和交付失调。

（4）通用化。如果必须要上新材料，那么，一个新材料能够解决的，就不要上两个，一个库存单位能够解决的，就不要两个库存单位。

（5）向供应商让步的最短提前期和最小订货批量。订货时（对外采购或对内生产），以最短的提前期和最小的订货批量进行。请注意，我这里有一个定语"向供应商让步的"，说的是在供应商提供的最短提前期和最小订货批量的基础上，和他们进一步谈，做出让步（比如提高价格或牺牲效率），让供应商的最短提前期和最小订货批量进一步降低，以此应对需求的不确定性及控制新品库存。

（6）毛利与供应矩阵。对于常规产品的新品（70%的资源投入的当前主导产品），从预期毛利和预期供应能力两个维度，进行矩阵分析（见图5-3）。四个象限建议如下：预期毛利高而预期供应能力足的，上新；预期毛利高而预期供应能力弱的，谨慎上新；预期毛利低而预期供应困难的，不上新；预期毛利低但预期供应能力足的，暂缓上新。

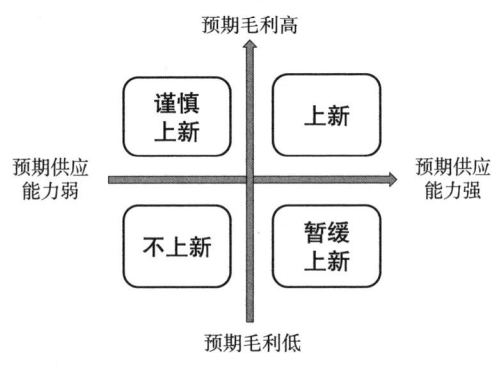

图 5-3　毛利与供应矩阵

（7）决策成本由公司承担。比如，因最短提前期或最小订货批量降低而带来的涨价损失，因下架带来的呆滞损失等。这一点非常关键，只要将这些成本费用与销售、研发或供应链部门绩效挂钩（而不是公司承担），新品战略大概率无法执行。因为，为了部门（个人）绩效，销售的最佳选择是多上新品，研发的最佳选择是多上新材料，供应链的最佳选择是抵制上新或躺平（你销售要多少我就备多少），这就又回到了囚徒困境。

5.3 长尾库存战略：长尾库存的取舍之道

长尾库存战略同样回答两个问题：

1. 做什么，不做什么？
2. 如果做，怎么做？如果不做，如何应对（风险或损失）？

《长尾理论·为什么商业的未来是小众市场》一书指出，互联网时代，大众市场不再一统天下，小众市场也可以呼风唤雨。商业和文化的未来不在于传统需求曲线上那个代表"畅销商品"的头部，而是那条代表"冷门商品"的、经常被人遗忘的长尾。

长尾理论的核心思想是，在传统的零售业中，由于店铺面积、资金和物流等限制，商家只能销售热门商品，而销量较低的商品则被淘汰。但在互联网上，因为成本和空间限制较少，可以销售数量较少但种类繁多的商品，而这些商品的总销售量可以比热门商品更大。

本书仅站在库存管理的角度，所讨论的长尾范围窄得多。本书所说的长尾产品，是指那些销量相对较低，但种类繁多的产品。对于多品种产品的企业来说，单一产品所带来的业绩（收入或利润），大多数符合二八法则（帕累托法则），甚至是91法则（九一定律）。20%的产品贡献了80%的业绩，而80%的产品只贡献了20%的业绩，或者90%的产品贡献了10%的业绩。这80%或90%的产品，就是本文所说的长尾产品，如图5-4所示。

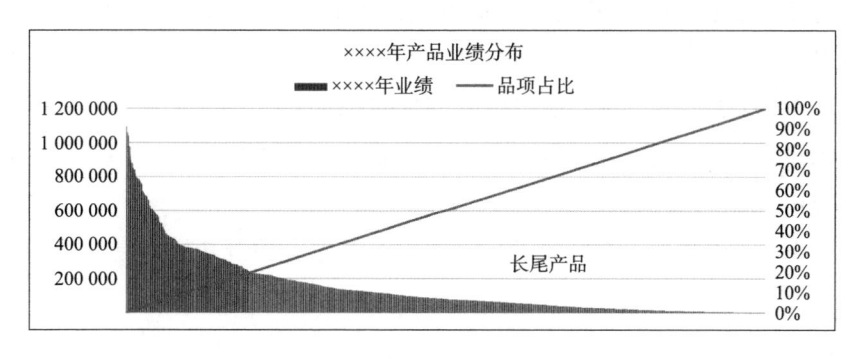

图5-4 长尾产品

5.3.1 长尾库存，做什么，不做什么

如果说定制库存和新品库存是呆滞的重灾区，那么，长尾库存，则是库存管理中"一边缺货一边爆仓"现象的主要根源。控制好了长尾库存，不仅库存管理的绩效能够稳步提升，仓库现场管理也会清爽一大半。

那么，长尾库存战略如何定呢？聚焦？舍九取一？断舍离？

这些当然是长尾库存战略的主要思路。不仅长尾库存战略，供应链战略乃至企业战略，都可以从"聚焦"而展开。但是，对于企业战略执行层面的库存战略来说，仅以"聚焦"两字来描述，则略显粗糙，也难以落地。

在需求越来越多元化的今天，小众需求不可避免，从战略层面来讲，长尾库存有其存在的必然性和必要性。所以，对于长尾库存战略，一要保留长尾，二不要太"长"（即长尾产品真的需要那么多吗）。也就是说，先确定长尾，再在确定的长尾的基础上聚焦，做取舍。

非关键客户需求的：舍

什么是关键客户？有以下两个判定标准：一是贡献了80%业绩的20%的客户（具体的比例依企业实际而定）；二是处于开发期或成长期的战略客户。

武汉一家小商品电商公司，按照用户群体细分，产品价格从3元到30元，分成十多个价格段，非常立体和完备，几乎照顾到了所有用户。但他们的业绩一直突破不了6 000万元，仓库越来越大，各种加急却越来越严重。

为什么？经过分析，他们超过85%的业绩来自5~7元和9~12元两个价格段，其他的几乎都是长尾产品，而公司全价格段发力，造成仓库被这些长尾库存所占满。

由此可以得出一个特别提醒：长尾产品取舍的判断标准是从客户出发，而不是从企业的自我出发，比如完备的价格体系。

无联动效应的：舍

第一步取舍，留下来的长尾产品都是关键客户有需求的。在这些长尾产品中，如果没有联动效应，则舍。什么叫联动效应？简单地说就是这个产品的取舍，会对我们的主打产品造成影响。对长尾产品来说，联动效应，主要有以下两种。

一是在部分客户的需求中，长尾产品是和主打产品是配套购买的，没有长尾产品，将影响主打产品的销售。

二是企业主观策略性联动的。心理学中有个著名的锚定效应。假设陈列柜中有两种产品：A 产品 2 000 元；B 产品 3 000 元，这时，客户选择 A 和 B 产品的比例都是 50%；而如果多陈列一个 C 产品 5 000 元，这时，选择 B 产品的人增加到 70% 或以上。在这里，C 产品就是有联动效应的产品。

可用非长尾产品替代的：舍

某公司一款偏低端产品，销量不大，但对完善产品线、促进爆款产品销售有帮助（有联动效应）。该产品有个专用材料（A 材料），用量不大但采购提前期长，长年占据 2~3 个库位。

事实上，该公司常规材料中就有一款 B 材料，性能更好，从客户价值方面来说完全可以替代 A 材料。但该公司坚持使用 A 材料，原因是 A 材料比 B 材料便宜 10%。

长尾产品所需的材料虽便宜 10%，但长年占用 2~3 个库位的库存，以及由之带来的管理成本等各种成本，孰得孰失，显然，这个公司没有想过，也没有算过账。

特别说明：产品（或材料）替代的前提是，不伤害客户利益，或能够给客户创造更多的价值。

5.3.2 如果做，怎么做？如果不做，如何应对

确定了做什么，不做什么，对长尾产品进行了取舍。接下来，我们看具体如何做，找到关键策略，让长尾库存战略落地，再看那些列入"产

品淘汰或下架计划表"的长尾产品，怎么处理。

长尾库存的关键策略

（1）用 ABC 分类，定义长尾产品。

ABC 分类法，库存管理者耳熟能详，关于这个方法本身，本书不再赘述（可参考许栩《库存控制实战手册：需求预测+安全库存+订货模型+呆滞管理》一书）。

本书建议将 A 类产品定义为主打产品，BC 两类定义为长尾产品。如果产品众多，产品分层（如上面案例中提到的针对不同客户细分群体，推出不同价格区间的产品），可在不同层级上做 ABC 分类。或者在不同层级上做爆、旺、平、滞分析，以爆、旺两类为主打产品，平、滞两类为长尾产品。

（2）用帕累托分析，识别关键客户和核心客户，确认长尾产品需求。

首先，就战略客户达成共识。如果达不成共识或看谁都是战略客户，建议停下来，先确定公司的战略。

其次，以业绩排序和累计业绩占比对客户进行帕累托分析，找出 20% 的关键客户。

最后，将关键客户对长尾产品没有需求的，列入"产品淘汰或下架计划表"。

（3）用相关分析+主观判定，剔除无联动效应的长尾产品。

上文提到联动效应的三种情况，大多数情况下，最终都会以长尾产品的实际需求与主打产品的实际需求之间的关联性表现出来。我们可以先对保留下来的长尾产品与主打产品的需求做相关分析（求出相关系数），再对分析结果进行主观判定，挑出无联动效应的长尾产品，将其列入"产品淘汰或下架计划表"。

相关系数，是衡量两个变量之间关联程度的指标，用字母 R 表示，取值在 ±1 之间。计算每个长尾产品实际需求与主打产品实际需求的相关系数，看起来很复杂。如果人工操作，确定复杂，但现在我们有软件、有系统，这些工作几乎可以一秒完成。比如，用 Excel 中的 CORREL 函数就可以轻松地计算相关系数。

建议将相关系数 0.6 以上的长尾产品保留，其他列入"产品淘汰或下架计划表"。当然，这个阈值是取 0.6、0.7 还是 0.5，应以实际数据和管理者的判断而选择。

(4) 用头脑风暴，确定长尾产品的替代方案。

不管是长尾产品还是长尾材料，可以用主打品替代的，直接列入"产品淘汰或下架计划表"。

产品或材料是否可以替代，以及如何替代，可以汇集研发、市场、销售、品控、供应链、售后等部门人员，以客户价值为出发点，进行头脑风暴，最终由决策人拍板。

需要注意的是，一般情况下，经头脑风暴而得出的方案，只是一种假设，要求采取方法，快速验证。

淘汰或下架长尾产品的处理思路

(1) 事前：如无战略意图，产品研发避免使用专用材料。

很多公司着力研发很"牛"的产品，研发人员乃至公司，都以产品的先进和高大上为荣。于是，各种新产品，各种专用材料，层出不穷。如果你们公司可以引领市场，这是好事，比如谷歌；如果你们公司有强大的营销、供应链等体系，问题也不大，比如苹果。如果你们什么都没有，那就是研发与业务脱节，要么叫好不叫座搞死销售，要么长尾库存拖死供应链。

可能有人会说，技术在进步，工艺在创新，新材料层出不穷，怎么可能不用新材料。是的，一定会用甚至必须要用新材料，否则企业无法面对竞争。但是，使用新材料，不是为了用而用，而是要基于企业的战略意图。

一般有两种战略意图：一是差异化满足客户需求，提升竞争力；二是降低成本或提升效率。

因此，如果没有战略意图，则避免使用专用材料。如果有战略意图，则要采取"日落法"等措施抑制使用新材料的无穷欲望。

(2) 事中：以 ABC-XYZ 矩阵，少做或不做长尾产品的成品库存。

首先，生产提前期以小时计算的（比如仅组装），长尾产品建议按订单生产不做成品库存。

其次，以 ABC 分类叠加 XYZ 分类，采取不同的长尾产品成品库存策略。以下为某企业的实践，仅供参考。

BX 类，设置安全库存，以最高库存定量法安排生产。

BY 类，设置安全库存，以最小生产批量生产。

BZ 类，不设安全库存，以最小生产批量生产。

CX 类，设置安全库存，以最小生产批量生产。

CY 类，不设置安全库存，以最小生产批量生产。

CZ 类，不备库存。

（3）事后：壮士断腕，凤凰涅槃。

事后，说难不难，说容易，可能很难。为什么？因为事后主要在于老板"舍"的决心。老板坚决，那就容易，老板犹豫，那就很难。

已经列入"产品淘汰或下架计划表"的长尾产品，启动产品下架流程。该促销的促销，该送人的送人，该报废的报废，毫不手软地进行处理。当然，企业得有较为合理能够落地执行的产品或物料下架流程。

5.4 退货库存战略：轻松退货与退货矩阵

早几年，许栩曾写过一篇文章，核心观点是：退货是仓库管理最难的点，退货库存，是仓库库存不准的重灾区。

无独有偶，据说有一项针对仓管员的调查：除了日常入库、上架、发货、盘点作业，让仓库最头疼的事是什么？选项有单据不全、无单领料、流程不畅、退货、人手不够、仓库爆仓、库存不准等。

你猜对了，调查结果显示，让仓库最头疼的事是退货。对于退货较多且较频繁的企业来说，退货是仓库人手不够、仓库爆仓、库存不准等的主要原因之一，或者，没有之一。

站在仓库管理的角度看退货，上述观点，好像没多大的问题。但是，如果跳出仓库管理，跳出供应链，从老板的角度看退货（眼睛盯着客户），从财务的角度看退货（眼睛盯着回报），就会发现把退货定义为仓库管理最头疼的事，似乎走偏了方向。一来仓库人手不够、仓库爆仓、库存不准等，这些跟客户没关系；二来花时间和精力解决仓库的退货，有没有算过回报？

退货向外涉及客户体验，向内影响企业利润；向上触达企业战略，向下涉及跨部门流程。在退货已经成为一种趋势的环境下，退货是个战略问题，必须跳出供应链，跳出仓库管理看退货。

本书这里所讲的退货，不含退料（我们向供应商退货），退料可以参考本节的思路进行。

5.4.1 退货库存，做什么，不做什么

首先，退货可以上升为战略问题，但要不要退货，是客户说了算，而不是企业自己说了算。比如，"一经售出，概不退换"，大概率是脑袋进水了……

其次，退货的客户应对，大于退货的原因分析。比如，退货对客户造成多大的影响？退货后客户有得用吗？是否需要快速补货？如何快速补货？现有库存不足怎么办？

也就是说，先满足客户的诉求（有时还可能会避免退货），快速地处理客户的退货，再来分析为什么产生退货。处理客户退货的过程（流程），最好能让客户看得见（让客户可见、可控）。

很多人认为退货对公司不利，这其实是一个误区。有些时候，客户会根据企业的退货顺畅度来判断企业好坏，退货服务，有时也是竞争力。如果客户认为退货很容易，他们更有可能从公司购买产品，如果有良好的退货体验，他们更有可能成为回头客。

再次，对退货的原因分析应优先对退货库存的处理，但不要为了查清原因而将退货库存搁置。

（1）为什么原因分析重要？因为任何一次退货（售后）都是企业的一次成长机会，可以升级服务（销售），提升交付（供应链），迭代产品（研发）。

（2）为什么不要将退货库存搁置？很多时候，货物刚退回来时，经过挑选、检验合格后有部分是可以二次销售的（或直接作为他用）。但如

果将其搁置，大概率这些退货会被遗忘在仓库的某个角落，慢慢地变成废品。当然，重大质量、安全等原因的退货该搁置还得搁置。

（3）在进行退货原因分析的同时，退货库存快速处理。顺序是：先处理物（库存），再处理事，最后处理人。

最后，有时退款不退货或许是最好的选择。比如，有些货物退回来，变形了，破损了，无法二次销售，残值还不够处理费用。当然，哪些货退，哪些不退，需要依企业的价值主张和管理重心而定。比如某企业，只要是质量问题，不管成本多高，都要求退回工厂。

5.4.2 如果做，怎么做？如果不做，如何应对

退货，先满足客户的诉求，再进行退货原因分析，同时还需要进行退货库存处理或考虑货要不要货退回来。具体怎么做呢？

流程

在退货成为趋势的今天，有些企业退货流程的地位却有点儿跟不上，甚至干脆没有正式的退货流程。退货和销售一样，都是直面客户的，如果退货问题正困扰着你，很可能，你的退货流程没有销售流程同等的地位。

企业的情况各异，退货流程根据实际情况而制定。但提醒两点：

（1）退货流程的起点是客户发出想要退货的信号，而不是填写了退货申请（或退货单）；

（2）退货流程的终点是客户问题解决及预防，而不仅仅是退货库存处理。

方法

首先，让顾客轻松退货。重说一遍，让顾客轻松退货，可以建立信任并显著影响客户忠诚度。所以，企业需要做的，真正站在客户的角度，简化退货流程，提升客户体验。例如，一键退货，及时退款，免退货运费，为客户提供跟踪服务，选择专业的退货管理系统，自动化退货管理流程等。

其次，退货的原因分析。其实，如何分析不关键，数据来源很关键。可以使用基于客户反馈的售后（退货）信息收集表进行收集（见表5-1）。

注意，该表中，退货和售后原因，是跟踪、回访客户获取的，是客户直接反馈的原因（例如，我就是不喜欢），而不是自己强行进行归类的原因（例如，质量问题，物流问题等）。

表 5-1 售后、退货信息收集表

序号	日期	客户	业务员	所属区域	决策者	售后原因	是否退货	退货原因	优化建议
1	6月16日			华南		出现质量问题	是	油漆脱落	加强质控
2	7月25日			华北		CK11N发成CK11M	是	发错规格	仓库每日盘点、核对
3	12月10日			华东		发生巨异响	否		加强质控
4									
5									

再次，退款不退货的选择。客户提出退货，货一定要退回到仓库吗？我们原创设计一个退货管理工具，"退货处理矩阵"，如图 5-5（左）所示。退货处理矩阵从"退货收益"和"如果不退货产生的风险"两个维度进行分析和选择。收益高、风险高，退回，全面清点；收益低、风险高，退回，整件清点；收益高、风险低，不退，与客户协商，折价处理；收益低、风险低，实物不退，请客户自行处理，以客户申请数入库（或直接退款）。另外，为更有效地管理，减少损失，退货处理矩阵的第二象限可按本方法再进行一次细分，如图 5-5（右）所示。

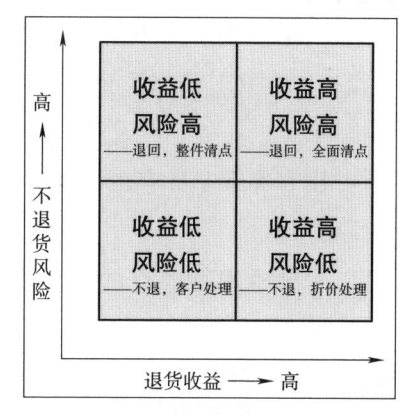

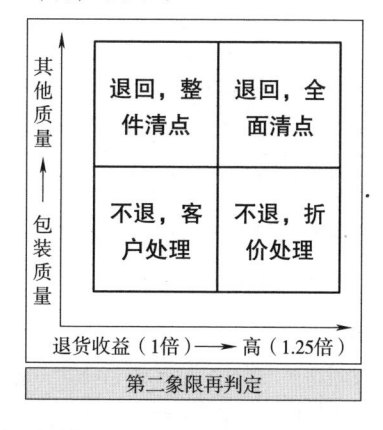

图 5-5 退货处理矩阵

最后，关于退货，胖东来的一个思路挺有意思：客户买东西的时候，你跟客户介绍清楚，他满意了再买，就不容易退货。这要求什么？要求服务员更专业，于是，胖东来做员工培训，把服务员培养成专家，全民皆兵，都可以做服务。这样退换货率就可以维持一个比较低的水平[①]。

资源

有专门的退货对接人、分析人、负责人；有专门的退货区域（可分良品区与不良品区）；信息系统支持退货数据；有标识管理方法或系统（标识不明是退货混乱的主要原因之一）等。

设退货库，退货库存单独核算

如有良品，即从退货库转出。退货库存是公司整体绩效的组成部分，但不建议参与供应链团队的绩效评价。

5.5 投机库存战略：库存投机决策矩阵

投机库存，或称投机性库存，也称屏障库存，是指为了避免因物价上涨造成的损失或者为了从商品价格上涨中获利而建立的库存，具有投机（价格投机）性质[②]。

投机库存比较典型的，比如农产品投机库存（农产品价格受到季节性和天气等因素的影响）、石油、金属类投机库存（其价格受到全球经济形势、供需关系和地缘政治等因素的影响）等。

与投机库存相类似的概念是囤积库存。囤积库存是库存的一种形式，用来缓冲可能不会发生的某事件所带来的影响[③]。

囤积库存的目的是缓冲和应对风险，而投机库存的目的是价格投

[①] 引用自刘杨 2023 年 7 月在中国广播影视出版社出版的《觉醒胖东来》。
[②] 引用自黄中鼎 2014 年 12 月在复旦大学出版社出版的《现代物流管理（第 3 版）》。
[③] 引用自 GB/T 25109.1—2010《企业资源计划　第 1 部分：ERP 术语》。

机，这是两者的不同，也决定了两者的管理思路。囤积库存为了满足需求，属于运营范畴；投机库存为了获得收益，属于投资范畴。大多数时候，囤积库存是供应链的一种运营方法，而投机库存，则是企业的一种投资战略。

对于库存管理，单纯地从"为满足客户需求而持有合理的库存"来说，投机库存本质上是一种多余的库存，所以，进行库存投机必然是一种战略行为。或者说，如果没有战略意图，投机库存没有存在的必要。

5.5.1 投机库存，做什么，不做什么

投资有风险，入市需谨慎。库存投机也一样，有以下三类风险。

（1）跌价减值风险。这是最直观的风险。本来想低价购入、高价卖出，实现一夜暴富。但不承想这个世界不按你的剧本来，最后发现原来自己是"韭菜"。

（2）库存呆滞风险。如今市场千变万化，升级换代的速度大于历史任何一个时期。随着需求的变动，很多时候，一不小心，库存就砸在你手里。那一大堆库存，堆在仓库，用又用不了，卖也卖不掉，扔吧，似乎又有点儿舍不得……

（3）现金流风险。2020年，某化工原料小老板预感某材料价格已探底，斥巨资（对他来说）购进六个槽罐（他自己至少要用三年）。他的眼光真的很准，七八个月后，该材料价格上涨近两倍。但很可惜，他那家小公司倒闭了，他根本没坚持到收获的时候。为什么？因为，没三个月，他就没钱了。银行不贷，朋友不借，只能将六个槽罐以极低价处理……

当然，除了风险，很多老板热衷于库存投资是因为可能带来高回报（有时可能是营业净利率的几倍）。他们看到了商品的潜在价值，看准了市场走势，确实很多时候能够小赚一笔，或者大赚一笔，也有不少成功案例。

有风险，但也有高回报，到底要不要做呢？投机库存，投不投呢？我们先从企业战略层面考虑投不投，再从库存战略层面考虑具体投哪些库存。

企业战略层面，投不投

前文已提到，其实并不存在供应链战略或库存战略，供应链管理或库存管理只是企业战略执行的一个环节。所以，要不要库存投机，首先看企业战略。

比如，某老板说，我们赚不了所有的钱，公司战略聚焦于做自己的主营业务，他们不做投机库存。另一位老板则说，赚钱是王道，企业战略就是谋取利润，明明知道过年后材料会涨价，当然要在年前9月份多进点儿货。

在大多数时候，对大多数民营企业来说，赚钱，赚取利润，都是企业的一个战略方向。如果趋势看好，对库存进行投机，也不失为一种选择。

库存战略层面，具体投哪些库存

如果库存投机也可以是企业战略方向的一个选择，那么，具体哪些库存可以投？哪些不宜投呢？

我们建立了一个矩阵，供大家在具体投哪些库存时做决策参考。我们将这个矩阵命名为"库存投机决策矩阵"，该矩阵以"现金流"为横坐标，以"进销价格关联度"为纵坐标，如图5-6所示。

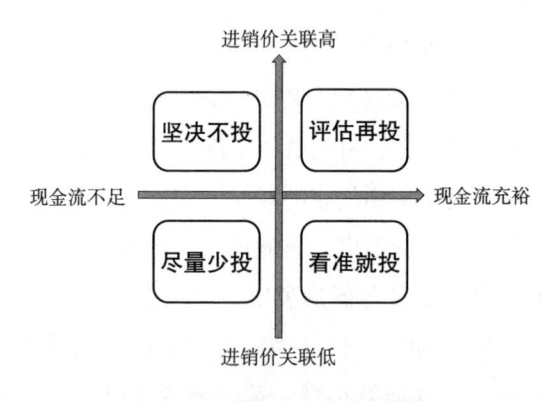

图5-6 库存投机决策矩阵

现金流包括现在的现金流和未来的现金流，也就是要考虑该投机库存从购买（支付）到预计清仓时间内的现金流。

进销价格关联度是指在市场上，商品（材料）进价波动，与我们最终产品的市场售价之间的关系，如果市场材料涨价，而我们的产品销售价格涨不了，那就是关联度低。进销价格关联度高，代表材料涨价可以向下游转移，就算临时购买库存，企业的利润空间也不会恶化。进销价格关联度低，只要材料涨价，企业利润空间就将被吞噬（只能自己硬扛涨价的损失）。

库存投机决策矩阵的具体策略：

第一象限，企业现金流充裕并且进销价关联度高的，从收益性（库存持有成本，下面详述）、流动性（库存周转）、安全性（库存呆滞）三方面综合评估，谨慎行事。

第二象限，企业现金流不足并且进销价关联度高的，坚决不投。

第三象限，企业现金流不足并且进销价关联度低的，尽量少投，保障现金流不干涸。

第四象限，企业现金流充裕并且进销价关联度低的，看准了就投，有时可以适当重仓。"看准"需要具备敏锐的市场洞察力和风险意识，并了解相关的法律法规和监管要求。

5.5.2 什么是库存持有成本

库存不仅是资产，更是成本。除了库存自身的成本（采购成本），还有因持有库存而产生的成本。

你的一家供应商提出，愿意将原价600万元的300吨物料以480万元卖给你，该物料保质期还有36个月，质量合格，条件是一次性付款，你同意吗？

该物料你们库存还有12吨左右，按目前的需求，一个月预计使用12吨，保质期还有36个月，理论上300吨在保质期内完全可以用完。假设你们仓库总库容2 000吨，仓库存放没有任何问题，再假设你们的资金成本率为10%，那么，这批可以省下120万元的300吨物料，你要不要呢？

别急着回答，先算一笔账。

该物料20 000元/吨，每月使用12吨，需要货款24万元。现在一次性用480万元购进300吨，等于将每月支付24万元变成一次性支付480万元。按10%的资金成本，25个月每月支付24万元（假设都在月末支付），支付现值为539.6万元①。也就是说，算下来公司赚了59.6万元（596 038.17元），是不是可以一次性购进呢？

还别急，再算一笔账。

300吨物料放在仓库，仓库需要租金，需要有人来管理，还会产生一系列的其他费用，比如水电费、仓库设备的折旧费、保险费及税费等。假设仓库租金一年230万元，仓库人员工资福利费一年100万元，其他费用一年50万元。这样300吨物料将会产生费用57.4万元（现值），计算过程如表5-2所示。

表5-2 第二笔账计算过程

期数	剩余物料（吨）	库存管理费用（元）	期数	剩余物料（吨）	库存管理费用（元）	期数	剩余物料（吨）	库存管理费用（元）
1	300	￥47 500	10	192	￥30 400	19	84	￥13 300
2	288	￥45 600	11	180	￥28 500	20	72	￥11 400
3	276	￥43 700	12	168	￥26 600	21	60	￥9 500
4	264	￥41 800	13	156	￥24 700	22	48	￥7 600
5	252	￥39 900	14	144	￥22 800	23	36	￥5 700
6	240	￥38 000	15	132	￥20 900	24	24	￥3 800
7	228	￥36 100	16	120	￥19 000	25	12	￥1 900
8	216	￥34 200	17	108	￥17 100	合计		￥617 500
9	204	￥32 300	18	96	￥15 200	合计（现值）		￥573 764

刚算下来是赚了59.6万元，但现在又有了57.4万元的费用，两相抵消，好像没有太大区别。那这300吨物料，还要不要购进呢？

看到这里，或许有人会说："仓库空着，租金也要交，人员闲着，工资也得发，购不购进300吨，这笔费用都会发生。"这个说法很对，想到了沉没成本，但可能忽略了另一个问题：当仓库与人员被占用时，很可能会出现"有多大仓库，就会有多少库存"及"人越来越忙，人效却越来越低"的现象。在企业管理中，问题一定要被看见，问题只有暴露了才有可

---

①现值计算：PV（10%/12, 25, -240 000,, 0）=5 396 038.18元。

能被解决。投机库存时,管理库存必将产生成本,该算的一定要计算。

沉没成本,是决策的参考依据,不是逃避问题的借口。

账还没算完,还有一笔账要算。

继续这个案例,300 吨物料现在的需求是 12 吨/月,25 个月可以用完,这没错,但未来呢?未来每个月都可以消耗 12 吨吗?如果 300 吨物料未来不能在保质期内用完,将会带来报废的损失。比如,一个月后新材料出现了,这批物料不再适合大量使用,300 吨可能 10 年也用不完。

并且,就算这批物料能够在保质期内用完,也可能因市场变化而产生贬值损失。比如物料降价了,从每吨 2 万元降到 1.5 万元,这样 300 吨将损失 150 万元。还有,这批物料长时间存放在仓库,很可能不小心被叉车撞坏,或被人为损毁。时间越长,发生物料损坏和丢失的风险就越大。

持有库存,要考虑现在,更要考虑未来。呆滞、跌价贬值、损坏与丢失等不确定性带来的库存风险成本,也需要算账——这也是对库存安全性的算账。

风险成本如何算呢?简单点,**风险成本 = 风险发生的概率 × 风险一旦发生产生的损失**。

还是这个案例,假设 300 吨物料(按 480 万元计算)的呆滞率 1.5%,市场价格上涨 10%(即上涨至 2.2 万元/吨)的概率 20%,市场价格下降 10%(即下降至 1.8 万元/吨)的概率 30%,其他风险概率 0.1%,这批库存持有的风险成本 = 4 800 000 × 1.5% + 6 000 000 × (−10%) × 20% + 6 000 000 × 10% × 30% + 4 800 000 × 0.1% = 13.68(万元)。

什么是库存持有成本?通过以上三个账,库存持有成本,就是持有库存而产生的资金占用成本、库存管理成本和库存风险成本。

5.5.3 如果做,怎么做?如果不做,如何应对

投机库存账面上分开管理

库存管理账中,单独建立投机库存仓,库存计划人员按公司的库存管理逻辑和方法(如订货点、订货批量),向投机库存仓下单调拨,就和向供应商下单一样。这样做主要是将库存控制与库存投资分开,明确绩效,

也明确责任。

同样，如果企业决定不进行库存投机，只按需求持有库存，那么，当未来材料价格异常时，需要将价格波动因素从绩效评估中剥离。比如，计算销售成本或平均库存时，采用标准价格方式。

需要注意的是，这里说的投机库存分开管理，指的是库存账面上分开，不是将实物分开。库存实物，按仓库管理规定进行，如正常的先进先出、盘点等。

建立市场监控系统

密切关注市场供应趋势，跟踪市场价格波动情况，预测未来可能的变化，以便快速响应，及时调整策略。如，建立风险预警模型，当价格变动达到某一阈值时触发警报。再如，多样化供应商和采购渠道，可以降低单一来源的风险。

建立投机库存预警系统

定期或不定期评估和预测市场需求，合理安排投机库存规模（数量大小），确保库存数量与市场需求和预期价格变动相匹配。即根据市场变化及时调整库存策略，包括增加或减少库存量。

投机库存预警，一方面，要避免库存过高无法脱手而造成积压与呆滞；另一方面，需求与价格向好时，以便及时补仓。

监控现金流

企业需要密切关注自身的财务状况，制订资金计划，监控企业资金使用情况，保障现金流安全。必要时可以合理利用金融工具，如期货、期权等，对冲风险。

销售策略保障

制定相应的销售与分销策略，建立有效的分销网络，以便在需要时能够迅速将产品投放市场，确保在价格上涨时能够及时销售库存，将投机库存变现，实现利润最大化。

第6章　时间线：及时交付平衡等式

管理的底层逻辑是平衡。

6.1　及时交付平衡等式

先看一个常见的案例。

江苏常州某企业3月1日接到客户的订单，订购A产品10吨（货值约150万元），要求3月5日一次性送至客户位于上海金山的仓库。销售刘经理兴奋地看着这个超大订单，不承想，却接到"工厂不能接这个订单"的电话。

原来，这家企业的工厂仓库内，A产品库存不到2吨，尽管生产A产品只要4天，但A产品的主要成分B原料缺货，而采购B原料至少需要10天。

刘经理仰天长叹："订单不能接，这订单没了，这个客户，可能也没了……"

有订单为什么不敢接？工厂多备一点儿库存不就解决了吗？为什么不提前备足B原料的库存呢？——但是，这个工厂的人都知道，刘经理也早有耳闻，这个企业的仓库都放得满满的，仓库早已全面爆仓。

在库存管理实际工作中，这种情况是不是很常见？

一边是仓库爆仓，库存高居不下。库存占用了大量资金，造成企业现金流不足，并且极易形成呆滞，有将公司拖入泥潭的风险。

另一边则是缺货断料，订单不敢接。无法满足客户需求，造成客户流失，使公司竞争力不断下降，企业存在生存风险。

6.1.1 一边爆仓，另一边缺货，怎么办

在商业模式与企业战略既定的情况下（即先解决"为什么要库存"这个问题），解决"一边爆仓，一边缺货"，我们提出了两套方法论：一是本章介绍的及时交付平衡等式（时间线），另一套方法论是下一章介绍的库存控制实战模型（空间线）。

我们回到上面的案例。案例中，材料采购需要10天，生产加工需要4天，假设物流运输需要1天，那么，从材料采购到产品交付总共需要15天。如果客户要求交货的时间刚好也是15天，那么这家企业可以大胆接订单，按时交货并且不需要库存。

以上可列出等式：10天+4天+1天=15天。

我们忽略订单流转时间，等式中，材料采购的时间10天是采购提前期，生产加工的时间4天是生产提前期，物流运输的时间1天是物流提前期；客户要求交货的时间15天，我们将其称为客户交货提前期（也有人称产品交付周期）。

以上等式可写为：**采购提前期+生产提前期+物流提前期=客户交货提前期**。这个等式，我们将其称为及时交付平衡等式。

当上面等式成立，企业可以不用库存（零库存）满足客户需求。

当等式左边小于右边，即采购提前期+生产提前期+物流提前期＜客户交货提前期，企业有能力提前满足客户需求，供应链具有一定的柔性，可以快速交付从而抢别人的订单，提升企业竞争力。

6.1.2 平衡等式不平衡，怎么办

等式成立或等式左边小于右边，企业都没有压力。不过，现实情况是，客户下单后大多数要求快速发货（有时要求当天发货甚至即时发货），即等式右边的"客户交货提前期"越来越短，等式往往是左边大于右边，甚至是远远大于右边（如上面的案例，15天远大于4天）。

当等式左边大于右边，即采购提前期+生产提前期+物流提前期＞客

户交货提前期时，企业有以下三种选择。

（1）放弃这个订单（有时可能代表同时放弃这个客户）。放弃，有时是一种战略选择。

（2）不断提升供应链效率及企业运营管理能力，让等式左边的"采购提前期＋生产提前期＋物流提前期"也越来越短，使之与右边相等。

（3）以空间换时间，不停地增加库存来缩短左边的时间，使之与右边相等。左边和右边的时间差距越大，需要增加的库存就越多。

等式的要点在于平衡，从理论上讲，以上三点，都能解决爆仓与缺货问题。但显然，对于第一点，企业往往不太愿放弃这个订单（更不要说放弃客户了）；对于第三点，企业需要提升库存管理水平，以合理的库存来空间换时间，下一章将详细介绍。本章重点介绍第二点——及时交付平衡等式。将等式展开，就是这条时间线的四项任务：延长客户交货提前期、缩短采购提前期、缩短生产提前期、缩短物流提前期。

6.2　如何延长客户交货提前期

客户交货提前期，是指客户给我方下订单到我方给客户送货（客户签收）的总时间总和，也称为产品交付周期。

6.2.1　客户至上的时代，你要延长客户交付时间

现在都在谈客户至上，都要求快速响应客户，都是在抢订单，因为快速响应客户、及时给客户交付，是留住订单、争抢订单、增强企业竞争力的有效途径和保障。

那么问题来了，本节要谈的是延长客户交货提前期，客户至上的时代，怎么反而延长给客户的交货时间呢？这不是把客户往外推吗？

很对。企业的主要任务是缩短及时交付平衡等式左边的时间，即缩短采购提前期、生产提前期、物流提前期，以提升供应链的柔性和加强企业竞争力，这是供应链管理和库存管理的持续任务，也是最终目标。但是，在具体的发展阶段，在具体的时间段，在具体的客户交付时，及时交付平

衡等式右边的时间（客户交货提前期），也不是完全不可以谈，也不是完全不能撼动。

因为客户有时也是讲道理的。所以，有时我们也有必要检讨，甚至是很多时间需要检讨，我们真的听过客户的道理吗？客户的真正需求到底是什么？交货提前期真的不能延长吗？企业这些不必要的损失真的不能减少吗？

下面看个案例。

上海闵行某食品公司接到一个大单，客户提出3天后交货，销售同意。这个大单涉及两款非常规产品，工艺复杂。因交期紧，生产临时调整计划，并加班加点，终于按时完成。但是，与客户沟通发货时，客户表示他们库存还有一些，最好延后两天发出。连加两个大晚班的生产主任得到这个消息，一口老血喷出……

再看一个案例。

广东东莞某电子企业，接到客户300件A产品的订单，要求5天后到货。但是，该企业A产品一款专用原料库存只够生产200件，因交期紧，被迫紧急高价采购，并空运到厂，加班生产，300件货终于顺利发出。但后来客户知道这个事后，说当时5天后可以先交200件（他们当时只缺100多件），剩下100件晚一周交货完全没有问题……

你看，延长客户交货提前期，是不是有得谈？

6.2.2 延长客户交货提前期的两个思路、五个方法

那么，如何延长客户交货提前期呢？仅仅靠谈吗？对，还真是靠谈、靠沟通。但需要有效、正确的沟通。

具体如何沟通，如何谈呢？首先，你要去谈，要有谈的意识，要知道为什么要谈，这是前提——或者，你可以据此制定一个必须谈的流程。其次，在去谈的基础上，可以应用我们提出的延长客户交货提前期的两个思路和执行这些思路的五个方法，如图6-1所示。

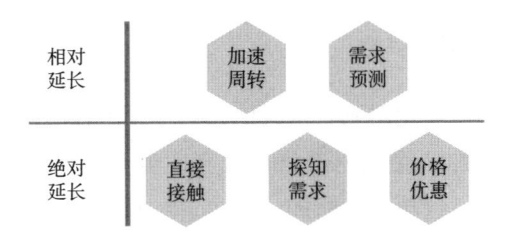

图 6-1　延长客户交货提前期的思路与方法

第一个思路：绝对延长

所谓绝对延长，就是直接增加交货提前期的天数。比如客户交货提前期从 3 天延长到 5 天。绝对延长有三个方法。

第一个方法是与客户直接沟通，有没有延长交货提前期的可能。比如双方可以约定延长常规的提前期，但允许客户加急（提前沟通好加急的条件），如正常情况下 5 天交货，但如果客户实际情况有变，可允许在升一级的情况下，要求 3 天甚至 2 天交货——所谓升一级，是指原本客户的采购员向我方销售经理下单，升一级后由客户的采购经理向我方的销售总监下单。

这里多说一点，关于客户交货提前期的谈判，很多销售为了争取到订单对客户提出的交货提前期未经沟通就照单全收，这是一种极其不负责的行为。实际上，这个交期有可能对客户来说并不一定很重要，如上面所讲的案例。

第二个方法是尽早获知客户真正的需求。后端能看到的只是订单的形式，客户真正的需求具有内隐性。比如上面东莞某电子企业的案例，客户下单 300 件，但在 5 天后真正的需求只有 200 件或更少。知道了客户真正的需求，就可以采取分批交货等方式，使平均交货提前期延长。

第三个方法是销售价格与交货提前期联系在一起，不同的交货提前期不同的价格，让客户自行选择。比如 3 天交货是什么价，7 天交货价格有什么优惠。

特别提醒：绝对延长的三个方法，都是客户沟通、协商，不能要求客户，更不能为难客户。

第二个思路：相对延长

相对延长是相对于绝对延长来说的，有两个方法：

第一个方法是加快企业内部订单流转时间。比如，缩短订单接受时间、订单录入时间、订单处理时间、订单审核与评审时间等，使订单快速进入生产计划与生产环节。加速订单流转时间的有效方法是应用信息技术或系统，比如 OMS、ERP 等。

第二个方法是预测客户的需求。包括我们自己做预测和客户提供预测，如果能提前 3 天预测到客户的需求，就相当于将客户交货提前期延长了 3 天。关于需求预测，请参考许栩的《供应链计划：需求预测与 S&OP》一书。

6.3 如何缩短采购提前期

及时交付平衡等式右边，客户交货提前期，我们可以在不损害客户利益的情况下想办法延长。而等式左边的采购提前期、生产提前期、物流提前期则要想办法缩短。本节先介绍等式左边的第一个，采购提前期。

6.3.1 采购成本是五方面的综合平衡

前文（第 3 章）讲了一个故事，某公司以延长采购提前期 7 天的代价（从 5 天延长到 12 天），换来供应商 10% 的降价，最后导致该公司从行业老大变成行业第三。这个故事说明，有时候，采购提前期比采购价格更重要。但很可惜，很多时候，说到采购成本或采购降本，很多采购、老板和财务关注采购价格和账期，对采购提前期没引起必要的重视。

采购成本是质量、价格、账期、采购提前期、最小订货批量五方面的综合平衡。

质量

采购物料，是为了满足我们客户的需求。质量，体现的就是需求，质量的背后是客户。

著名品质管理大师、零缺陷理论提出者菲利浦·克劳士比说过："质量就是符合要求"①。我们特别赞同，根据这句话，在质量方向，本书提出以下三点。

（1）公司要制定并明确这些"要求"。注意，是公司层面制定，而不是采购来决定这些"要求"。比如，基于客户需求、公司的产品策略，由研发、技术牵头，品控参与来制定。这些"要求"最好能量化，并需要在公司层面明确（宣告）这些"要求"，只有明确了，我们才可能来符合这些"要求"。

（2）采购的任务是找到符合这些"要求"的材料，同时让供应商承诺这些"要求"，也就是承诺我方需要的质量。

（3）质量就是符合要求：第一，必须符合要求；第二，也不需要超出要求。

"必须符合要求"，能够一直这样做当然更好，但在实际工作过程中，往往因为这样那样的原因，比如，急用、找不到替代品等，有时没办法要求"必须符合要求"，这时往往会有条件地让步接收。

如果让步接收，就需要计算因质量不符合要求（让步接收）而带来的各种成本和损失，包括：因不合格带来的后段补救成本，如，增加后面的挑选人员；因不合格增加的品质监控成本，如，增加一个品控进行过程监控；因不合格增加的品质风险成本，如，不良越多，不合格越严重，品质风险就越大，品质问题，背后往往是企业竞争力。

"不需要超出要求"，下面详细论述。

价格

价格是目前采购谈判或采购降本最容易侧重的。公司的采购、财务，包括老板，目前很多更看重的也是价格（含涉税分析，下同）。因为价格直接代表着成本，价格背后是企业的利润。但在质量、价格、账期、采购提前期、最小订货批量五方面中，价格只是其中的一个方面。

---

①引用自菲利浦·克劳士比2011年6月在山西教育出版社出版的《质量免费》。

关于采购价格，除了只关注价格（和账期），还有两个常见的误区。

（1）找到了质量非常好的，超出质量要求的材料，进行额外的付费。也就是说因为质量好，多付了钱。

这是一个典型的误区，质量就是符合要求，采购只需要找到符合要求的材料就可以。如果需要更好的材料，那是由公司的研发、技术等各个层面在基于客户需求的产品设计时所需要考虑、所需要明确的。采购只需要按照这个明确的要求去采购，去符合要求就可以。

不需要去寻找超出要求的材料，更不应该为了超出要求而额外付费。

（2）以相同的价格找到了更好的材料，采购沾沾自喜并居功，以为占到了便宜。这也是一个误区。对于最终产品来说，既然研发、技术等已基于客户需求确定了，明确了要求，就代表只要符合要求即可。

质量就是符合要求，符合要求的，质量就是好的。既然已经符合要求，为什么还要寻找更好的材料呢？为什么找到了更好的材料还以为占到了便宜呢？更好的材料对产品来说，对满足客户需求来说没有用，有时甚至可能还是伤害。比如我买2两米饭，刚刚好，你给我多20%，我吃胖了谁负责？

还有一种情况，我们能不能保障每次都这么幸运，每次都买到超出质量要求的材料？如果不能每批材料都超出质量要求，对客户来说，就是产品的质量波动，一会儿好（超出质量要求），一会儿坏（不符合质量要求），客户会认为你的质量不稳定，反而会觉得你的产品质量低下。因为买到好的，客户认为正常，不会认为是超出质量要求；相反，如果买到正常的，但相对于上次是差的，客户就认为质量下降了，产品不好，品牌不靠谱。

基于以上这两个误区，本书提出一个观点：对材料采购来说，性价比是一个最大的伪命题。没有所谓的性价比。质量就是要符合要求，只需要满足质量要求，符合要求就可以，不存在"性"的问题，不需要更高的质量。

账期

账期30天（一个月）、60天（两个月），代表我们占用了供应商一个月、两个月的钱。账期体现的是资金成本和现金流，往往是财务比较关注的。

账期首先体现出来的是占用供应商的资金，节省自己的资金，从而获得了这个资金占用方面的收益。比如，供应商给了 60 天账期，采购了 10 万元的材料，这 10 万元就能够用 60 天，这 60 天的资金成本（比如利息）就是我方得到的收益。

对于账期的作用，有的财务，有的老板，只看到账期的资金占用收益。其实账期更多的作用，是对企业商业模式的验证，以现金流来验证企业的商业模式。**现金周转天数（现金周期）＝库存周转天数＋应收账款天数－应付账款天数**，现金周转天数越长，需要企业投入的钱就越多，天数越短，需要的钱就越少，而账期所体现的，正是公式中的应付账款天数。

如果企业设定的商业模式就是要用供应商 30 天的钱来支撑现金流，这时如果谈的供应商，人家不给账期，或者只给了你 10 天账期，显然就支撑不了商业模式，这一笔采购就不能做。

采购提前期

提前期体现的是库存，它的背后是库存周转，库存周转的背后是企业的资产周转。

先看一个关于库存的奇怪现象：你家的库存，你说了不算。

"我家的库存，怎么可能我说了不算？"你会有疑问，人们也普遍觉得，自家的库存当然是自己说了算，但真的是这样吗？客户要 10 件货，你准备 10 件库存，这时你说了算。但是，你的供应商说不行，你要的这个货需要 3 天才能给你，于是，为了每一天有货卖，你需要准备 3 天共 30 件的库存。

所以，你的库存其实是你的供应商说了算。

怎么办？缩短采购提前期。采购提前期越短，供应商就越不容易说了算。当采购提前期为零时，你家的库存你说了算。

当然，缩短采购提前期，不仅仅是为了自己说了算，更主要的是对库存总量的控制和柔性的贡献。因为前文第 3 章提到过，采购提前期的增加，几乎可以使存货同比例增加，采购提前期决定着企业的库存总量……

严重时，可能关乎企业的生死。

采购提前期除了增加库存总量，增加呆滞，减慢存货周转，使企业现金吃紧，还会增加不确定性（时间越长，不确定性越大），降低供应链柔性，从而影响客户交付，使销量下滑，客户流失，企业失去竞争力。

最小订货批量

最小批量体现的也是库存。但是和提前期的影响不一样，最小批量体现出来的主要是呆滞，主要影响的是新品（材料）、长尾产品（材料）的库存。新品的背后是企业的发展潜力，长尾产品的背后是供应链的柔性和库存管理能力。

发展潜力和供应链的柔性，往往代表着企业的竞争力。比如，越有柔性，代表在交付环节的竞争力越强。

最小订货批量的背后，是企业的竞争力。

6.3.2　如何进行采购成本综合平衡

采购成本综合平衡，一看目的，二看算账。

目的

采购成本控制目的，基于企业的战略方向与供应链的目标，其实就是确定质量、价格（比较不同税率）、账期、采购提前期和最小订货批量五个方面的优先项。

比如确保给客户交付优质的产品，质量优先。

比如只考虑成本，价格优先。

比如公司产品更新速度太快，则可以侧重于订货批量，最小订货批量越小，越优先考虑。

比如公司库存压力或市场交付压力大，采购提前期优先。

比如以现金流为商业模式的重要抓手，账期优先。

算账

财务将质量、价格、账期、采购提前期、最小订货批量全部量化

（金额化），制作采购综合成本分析表，如表 6-1 所示。注：此表仅分析成本层面，对库存也只考虑库存占用的资金成本，未计算库存的管理成本和风险成本，实际工作中，可根据需要增加相应项目。（如只需要单独的采购价格涉税分析，可按表 6-2 所示进行。）

另外，本表也无法体现账期对商业模式（现金流）的影响，质量对客户的影响，采购提前期、最小订货批量对企业竞争力的影响，需要财务发起采购、品质、研发等和老板一起，参考本表信息，头脑风暴，综合评估，最终由决策人拍板。

决策人可能是老总，可能是老板，也有可能是采购经理。有决策权的，在采购综合成本分析表算账的基础上，与各关键人员讨论后再做决策。

决策选定的不一定是最优的，也不一定是总成本最低，因为决策权人可能会考虑其他方面的因素。比如与供应商的长期关系，照顾供应商，甚至可能供应商是他小舅子，需要他支持等。

6.3.3　缩短采购提前期的五个方法

回到采购提前期，如何缩短采购提前期呢？有以下五个方法，大家自行判断与选择。

临时抱佛脚

所谓临时抱佛脚，就是不备或少备库存，缺料时才下单。不备库存，一般需求都很急，会要求供应商加急处理，从而缩短采购提前期。如果企业每次都愿意承担各种加急费用，那么，缩短的采购提前期可能很可观。当然，有时可能也要承担缺货风险。

不要对"临时抱佛脚"嗤之以鼻（我们经常自以为是地对一些做法嗤之以鼻）。如果临时抱佛脚是事先的主动选择，那就无可厚非，因为这种主动选择，可能本身就是一种战略智慧。比如，对长尾材料，需求产生了才下单，然后承担加急费（如价格上扬 20%）、空运费等，这样可以控制库存，大幅度缩短采购提前期，收益可能远大于成本。并且过程中可增强供应链的应急能力，甚至是整体组织能力。

我方公司性质		
普通企业	25%	
小微企业	5%	
高新企业	15%	
其他优惠	15%	一般纳税人
小规模		
供应商开票	13%-专票	
	9%-专票	
	6%-专票	
	5%-专票	
	3%-专票	
	1%-专票	
	普票	
	不开票	

表 6-1 采购综合成本分析表

我方公司性质	普通企业	请下拉选择输入：一般/小微/高新/其他优惠					
	一般纳税人	请下拉选择输入：小规模/一般纳税人					
	10%	手动填入	以WACC计算		日均需求		
项 目	方案1	方案2	方案3	方案4	方案5	方案6	说 明
年化资金成本率	10%					10	手动填入：物料的预测需求
供应商报价（元/个）	122	150	140	112	100		手动填入：含物流、装卸等费用
供应商开票	1%-专票	13%-专票	6%-专票	普票	不开票		下拉输入：供应商开票类型
成本	120.79	132.74	132.08	112.00			自动计算：不含税价
节约增值税	1.21	17.26	7.92				自动计算：增值税
节约附加税	0.14	2.07	0.95				自动计算：增值税的12%
节约所得税	30.20	33.19	33.02	28.00			自动计算：所得税
实际采购价格	90.45	97.49	98.11	84.00	100.00		自动计算：报价－节约的税
账期（天）	60	-30	30		30		手动填入：供应商的账期/负为预付
采购提前期（天）	15	5	5	10	20		手动填入：供应商的采购提前期
最小订货批量	200	5	5	100	250		手动填入：供应商的MOQ

第6章 时间线：及时交付平衡等式

接上表

日均需求采购金额	904.49	974.87	981.06	840.00	1 000.00	自动计算：日均需求*采购价格
账期节约资金成本	-15.07	8.12	-8.18			自动计算：以现金（0账期）为基准
增加库存占用成本（提前期）	28.27	3.38	3.41	11.67	55.56	自动计算：以0提前期为基数
增加库存占用成本（最小订货批量）	64.39			14.00	83.33	自动计算：MOQ < 日均需求时为0
质量补救与监控成本	200	100		100	300	手动填入：因质量风险而产生的成本
采购总成本	1 182.08	1 086.37	976.29	965.67	1 430.56	自动计算：求和
单位采购成本	118.21	108.64	97.63	96.57	143.06	自动计算：总成本/日均需求

说明：
1. 本表未考虑库存的管理成本和风险成本（现金流）的影响，质量对客户订货模式、提前期、最小订货批量对企业竞争力的影响，采购对商业模式的影响，也未考虑账期对企业的影响。
2. 本表涉税计算，未考虑供应商不开票风险。如：引发纠纷举报，引起税务预警、查账补税，行政处罚，影响纳税信用等级评分，影响上市公司IPO审核……
3. 附加税的构成：城市维护建设税7%，教育费附加3%，地方教育附加2%。
请在"其他优惠"项目中填上所得税税率，如：海南自贸港，15%

137

4+1模型——用投资的思维管理库存

我方公司性质		我方公司性质	
普通企业			25%
小微企业			5%
高新企业			15%
其他优惠			15%
小规模		一般纳税人	
供应商开票		13%专票	
		9%专票	
		6%专票	
		5%专票	
		3%专票	
		1%专票	
		普票	
		不开票	

表6-2 采购价格涉税分析表

我方公司性质	普通企业						备 注
	一般纳税人						自动计算：从"采购综合成本"导入
							请下拉选择输入：小规模/一般纳税人
项 目	方案1	方案2	方案3	方案4	方案5	方案6	
供应商报价	122	150	140	112	100		手动填入：含物流、装卸等费用
供应商开票	1%专票	13%专票	6%专票	普票	不开票		下拉输入：供应商开票类型
成本	120.79	132.74	132.08	112.00		100.00	自动计算：不含税价
节约增值税	1.21	17.26	7.92				自动计算：增值税
节约附加税	0.14	2.07	0.95				自动计算：所得税的12%
节约所得税	30.20	33.19	33.02	28.00			自动计算：所得税
实际花钱	90.45	97.49	98.11	84.00		100.00	自动计算：报价-节约的税

说明：
1. 本表没有考虑供应商不开票的风险。
如：引发纠纷被举报，引起税务预警，查账补税，行政处罚，影响纳税信用等级评分，审核……
2. 附加税的构成：城市维护建设税7%，教育费附加3%，地方教育附加2%。
3. 所得税享受其他优惠请在"其他优惠"项目行填上所得税税率，如：海南自贸港，15%。

138

当然，如果临时抱佛脚是事后的结果，那嗤之以鼻也无可厚非。

流程分析法

分析并计算供应商在我方下单后，将我方需求的材料交付给我们所需要的理论时间，并据此与供应商洽谈提前期。因为理论计算的提前期给我们一个很好的锚点，流程分析法往往能拿到供应商相对较短的采购提前期。

比如，我方从系统给供应商下单，按约定供应商0.5天确认订单；确认订单后，供应商计划排程时间1天（供应商执行日生产计划）；生产时间（含排队）2天；检验入库0.5天；仓库发货及物流运输3天。综合以上计算，供应商的采购提前期理论时间为7天，我们可以拿这个7天与供应商谈判。

另外，流程分析法，是从供应商的交付流程角度计算理论时间，有可能会发现供应商流程中可以改善的点，我们提出这些改善点，有可能推动供应商流程改善从而使供应商受益，实现双赢。

采购计划法

采购计划法，就是将采购下单和要求供应商送货分开。即在一定的周期内（如每月），向供应商下一个较大批量的订单（如一个月的需求量），但具体的送货时间和送货数量，根据我们的实际需求而定，要多少，就送多少，什么时候要，就什么时候送，没有要货供应商就不送货。

本书作者许栩曾在一家企业工作，与最大的几家供应商都采用了采购计划法（大多为常规材料），每月末向供应商下达未来一月的采购订单（采购计划）。然后在日常生产中，当库存低于供应商送货时间（送货提前期）时，再向供应商下达要货计划（真正的采购订单），供应商按要货计划送货，并以此结算货款。当然，当时也承诺供应商（写进合同），所有下达的采购计划（未来一月的采购订单），最迟3个月送货完成。

采购计划法，其本质在于，我们提供给供应商的是一份采购计划，而不是真正的下单，但供应商可以据此准备库存，从而缩短采购提前期。

需求预测法

需求预测法是采购计划法的升级版，不是给供应商采购计划，而是提供预测，供应商可以根据预测提前做准备，从而缩短采购提前期。比如，提前准备我方的专用物料，提前生产半成品或持有部分成品库存等。

这个方法是基于预测的，但我们都知道，预测总会有偏差，所以，使用这一方案的前提是企业对预测负责。如果企业不愿意承担预测风险，那么这个方法就会导致零和博弈，无法与优质供应商长期共存。

需求预测法执行时，承担的预测风险比采购计划法的低。如前文执行采购计划法时，与供应商约定的是 3 个月内全部送货，如果用需求预测法，可以双方约定按比例承担责任（如双方各 50%），也可以只承担我方专用材料或半成品的库存损失。

目前 JIT、VMI 等采购方式，都是需求预测法的具体表现形式。

买断产能法

买断产能需要需求方有较强的实力，足以影响甚至决定供应商的发展。买断产能一般采取的方式是，要求供应商在自己的周边建立建厂（或者自建卫星工厂），优先给自己供货，或只允许将多余产能向其他客户供货。

使用这个方法，供应商（卫星工厂）能够实现少批大量甚至是单批大量生产，有助于提高生产效率，提升产品质量从而回馈于企业。

买断产能还有一种更直接的方式，那就是直接将供应商买下。当然，这是一种基于战略选择的投资，这里就不深入介绍了。

6.4 如何缩短生产提前期

先看一个案例。

浙江宁波某公司淡季时接到一个订单，要求 4 天后交货。按生产工

艺，2 天足以完成生产，但工厂却迟迟做不出来。销售拼命催促，第 7 天下午成品终于入库，不过客户的忍耐已到了极限，取消了这批订单，于是，这家公司留下了一堆库存。

在淡季，2 天能做完的订单为什么做了 7 天？

因为，不管淡旺季，这家公司，订单确定与审批 1 天，生产确认与排产 1 天，欠料紧急采购 2 天，来料检验 0.5 天，生产排队 0.5 天，生产 1 天（另加班 4 小时），成品检验 0.5 天，合计就是 7 天。

大家应该看出来了，这家公司真正的生产时间其实只需要 1.5 天（含加班），但实际却花了 7 天。显然，这个生产提前期完全可以缩短。

如何缩短呢？增加跟单人员，从前催到后，1 人不够增加 2 人，2 人不够增加 4 人吗？这么做，或许偶尔也能解决问题。

具体怎么做呢？先别急，本节先给大家介绍一个工具（ASME），再提出缩短生产提前期的三个方法。

6.4.1 增值分析工具 ASME

ASME，原本是美国机械工程师学会（American Society of Mechanical Engineers）的简称。后将其理念应用到流程管理，它的最大优点是能清晰地表达流程中各个活动是否有增值活动，清楚地显示非增值活动所在的环节，从而通过删除非增值活动，有效提高流程效率。

ASME 是用一套表格，梳理整个流程。ASME 表格如表 6-3 所示，包括活动、增值、非增值、可疑活动等项目。ASME 的关键，在于判断一项活动是否增值。那么，怎么判断呢？

正向思考 + 反向排除

先正向思考。问两个问题：

（1）是否体现企业战略？

（2）是否创造客户价值？

如果（1）（2）两个问题的答案都是"否"，就是非增值活动。比如，某公司的销售出库流程，销售出库单要求仓管签名，仓库主管审核，

表 6-3　ASME 表

活动	增值活动	非增值活动	可疑活动					操作者	耗时 单位：分	优化建议				
			检查	传递	等待	存储				移除	简化	新建	整合	自动化	其他

生产总监审批。这一系列的审批动作既不能体现公司战略，又不能为客户创造价值，所以，是非增值活动。

如果有一个为"是"，则是增值活动。

体现企业战略和创造客户价值，都包括现在和未来。如有必要，我们可以进一步判断是现在增值，还是未来增值，从而采取不一样的措施。

当有些问题没办法用正向思考来判断时，可以进行反向排除。也问两个问题：

①这个活动可否砍掉？

②这个活动可否合并？

如果①②两个问题的答案都是"不可以"，就是增值活动。比如：支付销售佣金，正向思考，看似属于不增值业务，用反向排除看，会发现如果砍掉这个活动，企业业绩会大受影响，所以这个活动是增值活动。

识别了增值与非增值，增值环节保留，非增值环节直接从流程中删除。

如果正向反向都无法判断增值还是非增值时，将其放到 ASME 表格中的可疑活动栏——根据活动在流程中的作用，将可疑活动分四类：检查、输送、耽搁、存储。比如，检查、复核类活动一般属于可疑活动。

可疑环节，需要从流程目标入手，进一步判断，看是否可以消除（或与其他环节合并）。比如，是否为了控制风险，是否为了提升效率降低成本等。可疑活动中，最典型的是审查和审批，事实上，一些部门领导的审批、签字大多流于形式，大多最终可归属于非增值环节，从流程中删除。

6.4.2　缩短生产提前期的三个方法

第 3 章讲到了生产提前期的概念，生产提前期包括订单准备时间，排队时间、换模时间、运行时间、移动时间、检验时间及入库时间。缩短生产提前期，可以从生产提前期的这些流程入手。

用 ASME 消除非增值活动

缩短生产提前期，第一个方法是梳理生产流程，采用 ASME 表格进行识别和消除非增值活动。

表6-4是模拟的一个简易的生产流程，用ASME表格进行增值分析，消除不增值活动，生产流程从14个环节减为7个环节（生产计划制作、物料班领料、成型、半成品检验、包装、成品检验、成品入库）。消除多少非增值活动，就能缩短多长时间的生产提前期。

提升能力，减少异常

第二个方法，提升物控及生产计划的能力，减少欠料等异常情况及生产排队时间。

除了生产工艺，计划是否到位是生产提前期最重要的影响因素，甚至可以这么说，生产提前期是计划的结果（包括物料计划和生产计划）。比如本节开头的案例中，如果计划到位，欠料引起的紧急采购及检验入库时间2.5天可以变为0天。

计划的能力如何提升呢？一是提升人也就是计划人员的能力，招聘更合适的人才，给予有效的培训都是可以采用的方法；二是提升系统的能力，降低对人的要求，还可以将第一个方法优化之后的流程固化到系统中，比如支持MRP及生产计划排程的ERP系统等。

调整工艺，攻克瓶颈

第三个方法，引进更前沿的技术，使用更先进的设备，调整工艺，攻克瓶颈，从而缩短生产提前期。这个方法是以技术和设备换时间，很容易理解，但有个前提，就是企业不差钱，或企业能够平衡投资回报。还有就是企业有能够支撑这些技术和设备的人才储备。

6.5 如何缩短物流提前期

还是先看一个案例。

苏州A工厂，销售人员多方努力，谈下一个武汉的客户。准备签订合

第 6 章　时间线：及时交付平衡等式

表 6-4　生产的增值与非增值活动

活动	增值活动	非增值活动	可疑活动				耗时 单位：分	操作者	优化建议				
			检查	传递	等待	存储			移除	简化	新建	整合	自动化	其他
生产计划制作	○													
生产计划审批		○								√					
填制生产领料单					○									√	
生产领料单审批		○								√					
物料班领领料	○														
生产现场备料	○				○								√		
生产：成型	○														
半成品检验			○										√		
半成品入库						○									
填制半成品领料单		○								√					
半成品领料单审批															
生产：包装	○														
成品检验			○												
成品入库	○														

145

同了，但武汉这新客户提出 4 天交货期的要求。A 工厂的主要工艺就是装配，生产提前期在 1 天以内，从昆山到武汉物流 2 天可到达。也就是说，只要不缺料，A 工厂完全可以满足武汉这家客户的需求。但很可惜，这个新客户 A 工厂并没有留住。

新客户最终没谈下来的主要原因是 A 工厂的物流提前期过长。A 工厂仅从昆山发货到武汉的时间，就需要 4 天，显然无法满足客户总交货期 4 天的需求。

前面从昆山到武汉不是 2 天就可以到吗？为什么这里又说 A 工厂需要 4 天？是的，A 工厂需要 4 天。虽然昆山到武汉 2 天是可以到的，但是，这样做成本高。2 天到达的物流费是 4 天到达的 2 倍，故 A 工厂物流提前期较长。

你看，解释得多有道理。但是节省的物流费与没谈下来的客户，以及隐藏在背后的库存，不知道这个 A 工厂想明白没有。

6.5.1 缩短物流提前期的三大方法

物流提前期不仅仅是物流车辆在路上跑的时间，还包括发货单下达、确认与审核时间，车辆安排或联系第三方物流时间，拣货、出库与装车时间，运输时间，送货时间，客户卸车入库时间等。缩短物流提前期，需要减少以上各项时间。

管理方法

梳理仓储作业及发货流程，加快各节点衔接，基于增值与非增值，减少不必要的步骤，缩短发货环节中各项流转时间，比如发货单确认与审核时间。

制定与第三方物流公司的各项规则，减少车辆安排或联系第三方物流时间、送货时间、客户卸车入库时间等。同时加强对外部物流考核，以保证物流提前期的有效性。

在途跟踪与监控，货物到达什么位置一目了然。

技术方法

应用先进的仓储作业技术，比如摘果与播种的综合应用、循环取货、越库等，减少拣货、出库与装车时间。

选择更高水平的物流公司，减少运输时间，提升综合效率。

设置前置仓，将客户需要的产品送到客户家门口，大幅度缩短物流提前期。

软件系统方法

引进信息系统，实现自动化操作，智能排车，解决物流系列问题，从而缩短物流提前期。比如，WMS、TMS、ERP等。

第 7 章　空间线：库存控制实战模型

及时交付平衡等式，**采购提前期 + 生产提前期 + 物流提前期 = 客户交货提前期**。

在现实中，往往是等式左边小于右边，甚至是远远小于右边，比如，客户要求下单后马上发货，不管你采购提前期、生产提前期啥的。这时，有效策略是适度增加库存，以空间换时间。

7.1　许栩原创库存控制实战模型

库存控制，是指使库存物品的种类、数量、时间、地点等合理化所进行的管理活动①。

什么是"合理化"？企业存在的价值是为客户创造价值，即满足客户需求。所以，"合理化"的前提是满足客户需求，只有满足了客户需求，才能体现库存控制的价值，从而实现企业的价值。库存管理的空间线，就是从客户需求到满足客户需求的闭环管理过程。

其次，"合理化"的主要任务是使库存物品的种类、数量、时间、地点等合理，即在前文多次提到的 7C：正确的时间、将正确的产品以正确的质量并完整的文件资料、正确的包装和放置条件、送达正确的地点、交给正确的客户。

---

①引用自 GB/T 18354—2021《物流术语》。

7.1.1 预测与订货

库存控制的前提是满足客户需求。那么，库存控制首先要做的是准备库存，有了库存才能给客户交付（满足客户需求）。

需求预测

我们怎么知道客户的需求呢？客户需求自然来源于客户订单。但是，现今时代，如果供应链等到客户订单产生之后再给他准备库存（以满足客户需求），那么很可能黄花菜都凉了，客户早跑别人家去了。客户需要的是快速便捷的交付。

所以，大多数情况下，库存控制满足的客户需求，往往是客户未来可能的需求，而并不是已知的客户订单。

怎么知道客户未来可能的需求呢？我们需要去做预测，在已知历史数据和相关信息的基础上，运用科学的方法和模型来提前预测客户未来可能的需求。这就是需求预测。

订货

获了客户的需求之后（已知的客户订单和未来可能的需求），库存控制者就要准备数量、质量等合理的库存，满足这个客户未来可能产生的需求。库存控制者使库存物品的种类、数量、时间、地点等合理化的过程，就是订货。

需求预测和订货是许栩原创的库存控制实战模型的两个核心模块，以需求预测来获知客户未来可能的需求，以订货来准备"合理化"的库存来满足客户需求。需求预测和订货也是库存管理最重要的组成部分。

但是，问题来了，我们是根据需求预测而订货，而预测面对的是未来，面对的是不确定性，"预测总是不准的"已经成为供应链管理的共识。订货依托需求预测而来，既然"预测总是不准的"，那订货也就存在着若干的不确定性，怎么办？

7.1.2 安全库存与呆滞管理

预测不准分两种情况，一是预测少了，二是预测多了。

预测少了

即实际产生的需求比预测的需求要多，比如预测某产品未来一个月的需求是 10 000 个，但实际产生的需求有 12 000 个，这就是预测少了。

预测少了，按预测订货而准备的库存就不能满足客户需求（只准备了 10 000 个，无法满足客户 12 000 个的需求）。为了避免这种情况出现，更好地满足客户需求，需要在事前准备一定数量的安全库存，以事前的安全库存来应对比预测多出的那部分需求。

预测多了

即实际产生的需求比预测的需求要少，比如预测某产品未来一个月的需求是 10 000 个，但实际产生的需求只有 8 000 个，这就是预测多了。

预测多了，按预测订货而准备的库存就消耗不了（准备了 10 000 个，客户要了 8 000 个，2 000 个消耗不了）。消耗不了的库存有可能成为呆滞，需要进行事后的呆滞管理，以有效应对这些呆滞。也就是说，以事后的呆滞管理来应对比预测少消耗的那部分库存。

事前的安全库存与事后的呆滞管理是许栩原创库存控制实战模型的两个辅助模块：少预测了，以事前的安全库存来应对（少预测的那部分需求）；多预测了，以事后的呆滞管理来应对（因多预测而产生的库存）。

7.1.3 缺货预警与呆滞预警

到这里，库存控制的逻辑是，根据需求预测而订货（准备库存以满足客户需求），以事前的安全库存应对少预测的那部分需求，以事后的呆滞管理应对多预测而产生的库存。

看起来很严密，事前事后，多预测少预测，都考虑到了。但是，在实战中，有时没这么理想化。

缺货预警

首先，当预测少了时，我们准备不了所有的安全库存（不可能将安全库存做得特别大，仓库撑不住，成本撑不住，现金流也撑不住），当实际产生的需求远大于我们预测的需求时（比预测的需求加上准备的安全库存还大），这时还是会出现缺货。

显然，不能等到真正缺货了再来采取措施，我们需要提前知道可能缺货从而提前应对，以避免或减轻损失。这就需要在事中进行缺货预警。

呆滞预警

同样，当预测多了时，也不能等到呆滞真正产生了再采取行动。如果能够提前知道呆滞有可能产生，供应链或公司就可以提前采取措施，避免呆滞最终产生或减轻呆滞造成的损失。这就需要在事中进行呆滞预警。

缺货预警和呆滞预警是库存控制事中需要采取的非常重要的动作与步骤，是许栩原创库存控制实战模型的两个重要补充。其中，缺货预警是订货模块的一部分，呆滞预警是呆滞管理模块的一部分。

7.1.4 库存控制实战模型

需求预测、订货、安全库存、呆滞管理及缺货预警、呆滞预警，是库存控制的主要任务。这几个模块的组合，就是许栩提出的库存控制实战模型，如图7-1所示。

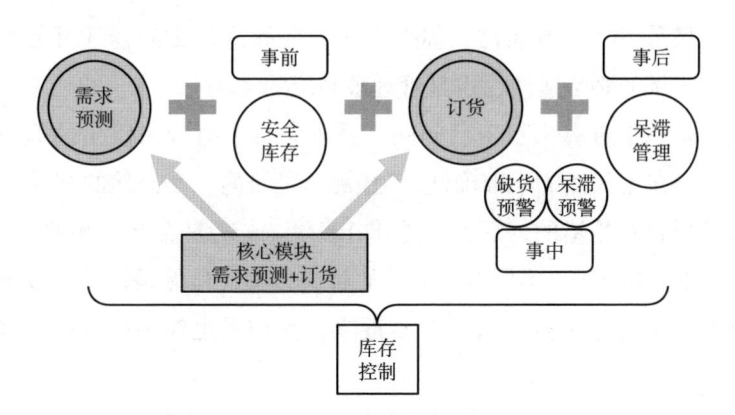

图7-1 库存控制实战模型

库存控制实战模型由两个核心模块（需求预测＋订货）和两个辅助模块（事前的安全库存＋事后的呆滞管理）组成，同时，在事中还需要进行非常重要的缺货预警和呆滞预警。

做好了这六个模块的工作，就能满足客户需求。

7.2 库存控制的起点：需求预测

需求预测，是指在特定的一系列条件下，对未来某个时间段客户需求量进行的预估或推测①；是运用科学的方法和模型，根据历史数据，对未来的需求做出定性和定量的估计②。

7.2.1 不是所有的需求都值得做预测

关于需求预测，在本书作者之一许栩的一个群里，有人问"预测值100，实际值为0，偏差怎么算？"也有人问"每月100的需求，突然某个月需求为0，这种情况如何预测？"

从这些提问可以看出，可能大家对预测误解了。在库存控制中，预测只是应对未来不确定性的一个工具，预测无法承受这些不能承受之重。就如拿着一把锋利的小刀去砍树，你忙活半天，这棵树还是直挺挺地立着。尽管你很努力，尽管你的小刀也确实很锋利。

预测只是一个工具而已，你得先明白要解决什么问题才开始使用工具，这是工具的必然属性，也是管理最底层的逻辑。

预测是基于过去，基于已知的一系列条件，对未来做出的假设和估计。预测存在着天然的不准确性，"预测总是错的"是必然的结果。

既然预测总是错的，那么，追求100%，或试图谋求"预测100，实际为0"或"预测0，实际为100"的解决方案，显然是没明白要解决什么问题就开始使用工具。这是舍本逐末，其结果也注定是徒劳，或身心俱疲。

当然，你可以去寻找若干的显性的、隐性的，外露的、隐藏的，正面

---

① 引用自门泽尔2004年11月在人民邮电出版社出版的《销售预测：方法、系统、管理》。
② 引用自GB/T 25109.1—2010《企业资源计划 第1部分：ERP术语》。

的、背面的，公开的、私密的等各种信息，设置上下左右、内外前后等各种参数，采取各种各样的工具，进行一系列复杂的、精密的、高深的、科学的运算和分析，这样会得到一个可能更接近实际的预测。

是的，只是可能更接近。但是，真的有必要这样做吗？我们真的有能力这样吗？真的有这么多参数和数据及支撑你运算和分析的工具吗？

恐怕都是未必。何况，就算采取上述各种神仙级的操作之后，或许结果可能也就那个样，甚至是更大的可能也就那个样，或者更差。

对于库存控制来说，不要去寻找"预测100，实际为0"或"预测0，实际为100"的解决方案。我们需要做的，是做好"预测100，实际95"，或者"预测100，实际103"的预测。这样就足够了。

在库存控制实战中，不是所有的需求都值得做预测。

需求可预测矩阵

这里说的是"值得"，不是说不能做或不做。为什么有一些需求不值得做预测呢？原因主要有两点：一是预测成本太高，得不偿失；二是因各种原因，需求预测做不准（或非常不准），就算做出来也没什么用。

另外，库存控制人员订货，总有一些根据，比如凭经验（拍脑袋）。这种拍脑袋，也可以说是一种预测（定性预测）。我这里说的"做预测"是指投入精力或资源去做，不用麻烦别人，不用定性数据，单纯一个人凭经验拍脑袋的，不在我们这里说的"做预测"的范畴。

那么，怎么区分值得与不值得呢？哪些需求的预测值得做？哪些需求的预测不值得做？为解决这个问题，我们提出了需求可预测矩阵，如图7-2所示。

需求可预测矩阵，以历史需求数据的稳定性为横坐标，以历史需求数据量的多少为纵坐标，将所有的需求分为四个象限：数据稳定性强历史数据多、数据稳定性弱历史数据多、数据稳定性弱历史数据少、数据稳定性强历史数据少。

在库存控制实战中，需求可预测矩阵首先需要解决一个问题：如何定义矩阵的两个维度（纵横两个坐标），即如何区分历史需求数据量的多少和历史需求数据稳定性的强弱。

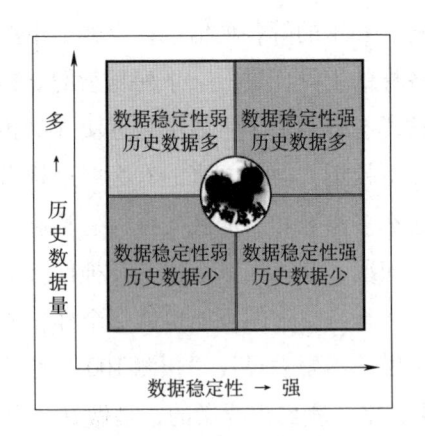

图 7-2 需求可预测矩阵

历史需求数据量的多少和历史需求数据稳定性的强弱，这两个指标目前都没有确定的固定标准，需要根据企业的实际情况自行确定。本书依作者经验，采用如下的标准，供读者参考，案例如表7-1所示。

（1）历史需求数据量的多与少：如果某款产品的需求，历史上有达到或者超过一个季节周期的数据，定义为数据量多；如果只有不足一个季节周期的数据，则定义为数据量少。

（2）历史需求数据稳定性的强与弱：数据稳定性用变异系数进行判定（变异系数 C.V = 标准差/平均值），如果某款产品的历史需求变异系数 C.V 大于等于 0.4，定义为数据稳定性弱，如果变异系数 C.V 小于 0.4，则定义为数据稳定性强。

需求可预测矩阵四个象限的说明

第一象限，数据稳定性强且历史数据较多。

这一象限的产品一般是公司的成熟产品。一般情况下，成熟产品体量大，对公司的整体业绩贡献高（往往远超一半）。第一象限的成熟产品，数据稳定性强且历史数据较多，这一类产品是强预测性的。又因为它们业绩贡献大，进行需求预测特别有价值。

因此，第一象限产品（成熟产品），最值得做需求预测。

第二象限，数据稳定性差但历史数据较多。

第7章 空间线：库存控制实战模型

表 7-1 需求可预测矩阵判定示例

物料编码	第1周	第2周	第3周	第4周	第5周	第6周	第7周	第8周	第9周	第10周	第11周	第12周	第13周	平均值	标准差	变异系数	稳定性	数据量	象限
W123001	713883.82	586812.5	735588.02	634181.64	691257.9876	927523.54	908045.5457	708713.36	678972.74	624654.9208	649466.76	805338.7824	794122.32	727581.6874	105096.4446	0.144446248	强	多	1
W123002	197964.66	199609.4375	204631.22	82943.78	86925.08144	255405.64	382416.4686	180278.94	207673.16	202689.0042	208326.8	257908.5784	306515.26	212868.31	79566.86532	0.373784455	强	多	1
W123003	249191.1	231747.723	156320.52	165831.82	181751.6747	181611.36	167990.508	164817.84	181561.08	164675.8996	156865.22	177257.6986	191239.98	182374.0326	28047.80594	0.153792761	强	多	1
W123004	0	0	44974	252960.14	272185.1106	181611.36		270013.44	194524.94	194135.8901	156865.22	199366.7364	191239.98	109858.4813	119507.2383	1.087828968	弱	多	2
W123005	70226.1	61869.1941	6377.98	116405.78	118035.4609	3506.7	3850.3566	152487	64877.96	64683.32612	1430.09	78896.43	65984.12	62202.34698	48508.78672	0.779854605	弱	多	2
W123006	5513.7	4637.0217	8296.2	10894	1188.138	5597.84	5676.20976	10558.8	9276.66	6818.3451	19974.56	1109.77	1579.3	8056.734197	5249.572043	0.651575678	弱	多	2
W123007	209.5	182.684	712.3	1072.64	1146.65216	0	5186.11384	92.18	3033.56	2972.8888	0	0	25.14	1125.666062	1620.772699	1.439834382	弱	多	2
W123008					41.9	167.6	1324.04	5916.28	2279.36	3796.14	3720.72	2639.7	197583.64	24163.26444	65059.32666	2.692489122	弱	多	3
W123009								8.38	134.08	110.34784	2933	3484.404	16	1114.36864	1632.368571	1.464837139	弱	少	4
W123010									139937.62	120766.1661	143549.4	185178.726	228003.04	163486.9904	43040.68203	0.26326671	强	少	4
W123011											170197.8	194365.8876	212751.44	192438.3759	21342.20104	0.11090408	强	少	4
W123012												335.2	6301.76	3318.48	4218.995036	1.271363708	弱	少	3

155

一般为公司的小众产品、冷门产品或呆滞产品。这一类产品,尽管有数据,但稳定性差。

这一象限产品可以再分两类:C.V 大于等于 0.8 的,不做预测,采用按订单生产(make to order,MTO),见单才生产(或采购),比如图 7-3 中的 W123004、W123008 等;C.V 在 0.4~0.8 的,以专家意见加权评估法进行定性预测,比如图 7-3 中的 W123005、W123006。

第三象限,数据稳定性差并且历史数据少。

一般是公司的新产品。这一类产品(新产品)的需求不值得做预测。因为数据量少、稳定性差的产品根本没办法做需求预测。

这一象限产品不做预测,直接以市场人员(或销售人员、相关负责人)的主观评估和判断作为库存控制模型的输入。比如图 7-3 中的 W123009、W123012。

第四象限,数据稳定性强但历史数据较少。

一般为公司的成长型产品。成长型产品尽管表现出来稳定性强,但因为历史数据少,其表现出来的稳定性有很大的不确定性(伪稳定性)。所以,这一类产品需要谨慎做预测,有限定值地做预测。

这一象限产品做简单的预测,采用移动平均法或一次指数平滑法做预测,比如图 7-3 中的 W123010、W123011。同时,过程中需要密切关注实际需求的动向(不确定的稳定性),以便及时调整与纠偏。

第一象限产品如何做预测

(1)以时间序列做初步预测。

随着一些软件的普及,目前,一般来说企业的数据都会有一些(尤其是那些历史的销售数据),这就为以时间序列做初步预测打下了坚实的基础。但具体采用哪种时间序列方法来做初步预测,需要根据数据的多少来确定。

如果历史需求有三个季节长度或以上的数据,不管有没有季节性,都使用 Holt-Winters 模型三参数指数平滑法进行预测。

如果有 2~3 个季节长度的数据,可以选择采用 Holt-Winters 模型三参数指数平滑法或移动平均法。

如果只有1~2个季节长度的数据，使用简单的移动平均法，以季度长度为移动项进行移动平均。

如果只有不到1个季节长度的数据，按上文四个象限的说明进行。

（2）定量调整。

时间序列技术的缺点是不能考虑外部因素对需求的影响，不管是移动平均还是指数平滑，都无法考虑比如降价、促销、竞品上市等外部因素的影响，所以，需要对以时间序列做出的初步预测进行第一次调整，以应对外部因素的影响。

这一步的调整，采用定量的方法。

应对外部因素的影响，最好用效果也最可靠的定量方法是回归分析法。但在实战中，往往缺乏足以支撑进行回归分析的数据，并且回归分析对计划人员的能力要求较高，回归分析，往往无法真正有用。

我们提出了一个方法，人工定量调整法。所谓人工定量调整，就是根据相关的历史数据，计算得出相应的系数，再对时间序列做出的初步预测进行定量调整。

比如双11，找出去年或前年双11前后的销售数据，人工计算得出双11前期和后期的增长系数，以这个增长系数调整以时间序列做出的初步预测。再比如常规促销，找到上两次相类似促销的活动，调出促销前后的相关数据，人工计算出促销的增长系数，以这个增长系数调整以时间序列做出的初步预测。

（3）定性调整。

定量方法，无论是时间序列还是回归分析，或者人工计算的系数，都对商业运行环境、市场的突变无能为力。为避免这种情况，在初步预测经定量调整后，需要再进行第二次调整，定性调整。

推荐使用笔者提出的专家意见加权评估法进行定性调整。

专家意见加权评估法，是以加权的方法，汇总计算各专家意见和判断的一种定性预测方法。专家意见加权评估法的基本思路，是给不同的专家，不同的权重，再按照权重对每一位专家给出的结果进行加权平均，得出最终的预测结果。

(4) 预测纠偏。

经过以上三步，得到最终预测。但是，得到最终预测就完事了吗？不，在需求预测实战中，得到了最终预测只是万里长征走完了第一步。

有一种说法，供应链最具挑战性，并且最吃力不讨好的任务就是需求预测，为什么？因为预测总是不准确的。除了上一节所说的事前安全库存、事后呆滞管理、事中缺货预警与呆滞预警，更需要做的是需求预测的自我修正，也就是持续跟进，预测纠偏。

预测纠偏，即跟踪需求预测与实际需求的全过程。当实际需求与预测的需求有偏离时，及时发现这种偏离，并及时地进行纠正与调整，可以及时地调整偏差来应对预测的不准确。

7.2.2 需求预测的七大步骤

如果值得做预测，一般情况下，可以按以下七个步骤进行。

明确需求预测的目标

做一件事，确定一件事的目标，简单来说就是回答两个问题：第一个问题是"为什么要做这件事"，第二个问题是"这件事要做到什么样的程度"。对需求预测来说，这两个问题是"为什么要做这个预测""这个预测需要做到什么程度"。

举个例子。

老板要求预测某款产品三个月后连续三个月的需求，那么，先问这两个问题。

为什么要做这个预测？为了解决什么问题？经了解，是老板觉得三个月后这款产品的主要材料要涨价，准备提前备一些。

这个预测需要做到什么样度，才可以指导提前备料？假设三个月的总需求预测准确率80%，单月需求预测准确率70%，就可以很好地指导备料，那么就明确了需求预测的目标。

收集并处理数据

无数据，不预测。但数据不是凭空产生的，需要去收集，去整理，去进行加工和处理。

数据收集，首先，要确定需要收集哪些数据。是销售数量、出库箱数还是促销信息、竞品信息等。其次，制定数据收集的规则（主要是明确收集什么、谁来收集、如何收集、如何归档等）。

收集到的数据，往往无法直接使用，因为可能会有不必要的（如重复值）、缺失的（如某个时间段数据找不到）、逻辑错误的（如自相矛盾的数据）和偶然的（比如百年一遇的大客户）的数据，需要对数据进行加工和处理。比如，数据清洗、数据转换、数据提取、数据计算与分组分类等。

选择预测方法

选择预测方法，是选择适合的方法，不是评估这些方法高不高明。不管采用什么方法，只要是适合你的，哪怕再简单，都是最好的方法。那些不适合你的方法，再高明，别人用得再好，也得放弃。

预测方法可以按上一节的思路进行选择。

预测建模并进行预测

根据上一步选择的预测方法，用数学函数或公式建立预测模型，当相关数据输入时，自动得出预测结果。

目前，尽管一些ERP、预测或数据分析软件自带了预测模型，但在实际场景中，一般较难或者很难直接应用，预测人员可以采用Excel等工具自己建模。建模能力是计划人员的核心专业能力，也是一种必备的能力。

预测模型建立并测试后，导入经处理后的数据，可得出初步的预测结果。

预测调整

首先，检查这个上一步得出的初步预测结果：导入的数据有没有问题？预测的结果有没有明显的异常（比如太大或太小）？

其次，分析异常原因，并解决异常。

最后，预测调整，按上一节介绍分两步进行，先定量调整，再定性调整。

经过三步对初步预测结果修正与调整后，得出了正式的预测结果。

呈现预测结果

预测结果呈现，往往被一些需求计划人员所忽略。但在事实上，这一点非常重要。

首先，预测结果是给领导及相关人（比如销售负责人）看的，起到审核的作用，也能为他们决策提供参考。

其次，预测结果如果不呈现，预测很容易变为自娱自乐。

预测纠偏

具体方法上一节已提到，具体可参考本书作者许栩2021年10月在中国铁道出版社有限公司出版的《供应链计划：需求预测与S&OP》。

7.3 库存控制的事前应对：安全库存

安全库存，是指用于应对不确定性因素而准备的缓冲库存[1]。

7.3.1 到底要不要安全库存

因为安全库存本质上是多余的库存（如果没有不确定性因素，就不需要安全库存），但不确定性又必然存在，所以，到底要不要安全库存，存在很多争议。有支持的，也有深恶痛绝的。

前几年，本书作者之一的许栩曾写过一个关于订货的系列小故事，讲到了安全库存，我们先看看老板怎么看待安全库存（故事中老板是一位小老板）。

---

[1] 引用自GB/T 18354—2021《物流术语》。

物控老杨订货的故事

老杨其实并不老，但人到中年，一身沧桑。

他在南方打工多年，担任物控主管也有很多年。据他自己说，因小孩原因，回老家（小县城）进了一个只有三十来人的小工厂，开启了小老板手下的订货之路。

故事1："人家就在隔壁，要备什么安全库存？"

老杨以他自己定义的"定期+定量"订货模式进行订货。也就是一周检查一次库存，只要破了再订货点，不管库存有多少，都按大概相当于该物料两周需求量的数量订货。

再订货点呢？因单休，他设置为"6天+订货提前期+2天"的用量，6天是订货周期，2天相当于设定安全库存。比如A料，4天订货提前期，再订货点就是6天+4天+2天=12天的用量。

老杨这个订货模型逻辑很清晰，刚开始运行也较为正常。但某月26日，被老板大骂了一顿。

那天，到货A料一批。刚巧，到货时老板在现场转悠，他发现到这么多A料，特别生气。于是把老杨叫过来，问他："我看到A料仓库里还有，为什么还要到这么多？"

"仓库剩得不多了，有单的话两天就用完，这点儿库存也就是常规安全库存的量。"老杨解释道，"今天到的量按我们目前的业绩大概可以用半个月。"

"人家就在我们隔壁，要货的话马上就可以送到，要备什么安全库存？"老板更生气了，指着老杨的鼻子说："现在明明月底了，你不知道我们供应商都是月结吗？"

故事2："你就不知道多备一点儿安全库存吗？"

年前的某一天，老杨查看库存下单订货，其时B料的库存充足，按当时的用量可以用半个月左右，老杨也就没有下单（按12天用量的再订货点，模型未报警）。

但是，大概三天后，老杨在仓库检查时发现B料库存没剩多少，他大吃一惊。问了好几个人，才知道原来某款主打产品配比中，主料由 A 料不知从什么时候起改为了 B 料（这在小公司是常事，笔者没有夸张）。

幸亏老杨发现得早，按这三天的最新用量，B 料库存应该还能用 5 天，而 B 料的订货提前是 4 天，刚好来得及。于是，老杨赶紧下单订货，并一再和采购特别强调，要求供应商一定要按时到货。但很可惜，第 4 天，采购说供应商的设备坏了，B 料最快也要两天才能到。

老杨很生气，但却又无可奈何，只能赶紧查看手头的订单，发现如果 B 料两天后到，至少有三个客户的货发不出去。于是，老杨找销售沟通，希望销售能联系客户，看能不能晚一天发货。但销售回复很干脆，不可能！

接着，不到五分钟，老板的电话打进来了。

"B 料为什么这么晚才订货？"老板语气非常不好，应该是销售第一时间报告了老板。

老杨解释了两点，一是某主打产品配比突然变了，二是他下单已经给足了供应商提前期。

老板更生气了："什么提前期不提前期，别整这些没用的，你明明知道年前每个厂的员工都忙着请假，异常多，就不知道多备一点儿库存吗？你上次不是还说什么安全库存吗？"

用 ABC-XYZ 矩阵判定要不要备安全库存

上面的案例中，要不要备安全库存，全在于老板的一句话（老板的考虑）。所以，到底要不要备安全库存，有时不仅是技术问题，还是沟通问题。

如何沟通呢？最好有一个能让老板（领导）参考的工具，这个工具就是 ABC-XYZ 矩阵，如图 7-3 所示。

ABC-XYZ 矩阵，将 ABC 分类法和 XYZ 分类法组合[1]，根据物料消耗

---

[1] ABC 分类法以物料消耗的数量和种类来分类，XYZ 分类法以物料消耗的稳定性来分类。详见许栩 2021 年 11 月在人民邮电出版社出版的《库存控制实战手册：需求预测 + 安全库存 + 订货模型 + 呆滞管理》。

的稳定性和物料消耗数量的多少，将物料分为 AX、AY、AZ、BX、BY、BZ、CX、CY、CZ 九个类别。

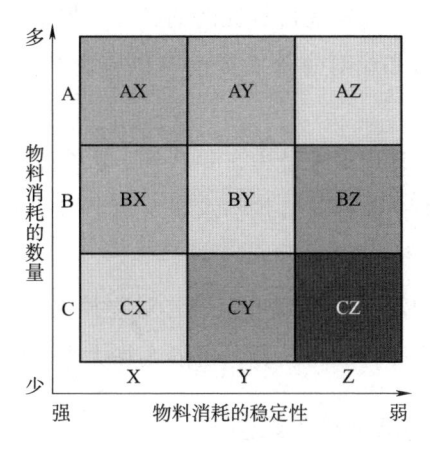

图 7-3 ABC-XYZ 矩阵

AX、AY、BX 类，需要备安全库存。

AZ、BY、CX、CY 类，建议备安全库存。

BZ 类，建议不备安全库存，让供应商保持"生产这类物料需要的相关物料"的安全库存，同时，保持强替代性。

CZ 类，不设置安全库存，并建议淘汰此类产品。

注意，需求是动态的，今天 AX，明天可能 CY 了，ABC-XYZ 矩阵需要不停地调整与更新，比如两个月一次。

7.3.2 如何备安全库存

如何备安全库存，就是计算备多少安全库存。安全库存计算常用的有三种方法：简单粗暴算法、文艺青年算法、"灭绝师太"算法（及其简化算法），可以选择使用。比如，用简单粗暴算法备 AX、AY、BX、CX 的安全库存，用"灭绝师太"的简化算法来备 AZ、BY、CY 的安全库存。

安全库存的简单粗暴算法

计算公式：**安全库存＝日均需求量×紧急订货提前期**。

日均需求量，是指未来一段时间平均每天的需求数量。这里需要强调的是"未来",即这个日均需求量是指未来的预估需求,应该取预测值,而不仅仅是过去历史数据的平均。

紧急订货提前期,是常规订货提前期各环节加急处理或特殊处理的时间总和,是为了预防和应对意外而提前与供应商共同确定的时间(供应商承诺)。

比如,A 物料的日均需求量为 5 142 个,紧急订货提前期为 6 天。代入公式,A 物料的安全库存 = 日均需求量 × 紧急订货提前期 = 5 142 × 6 = 30 852 个。

简单粗暴算法的优点就是简单直接,对物控人员要求低,实用性强。缺点是不严谨,安全库存放得较宽,可能会加大整体库存水平。

安全库存的灭绝师太简化算法

计算公式:**安全库存 = $z\sigma d \sqrt{L}$**。公式中,z 为安全系数,查安全系数表或以 Excel 函数 Normsinv 计算得到;σd 是日用量的标准差,可用函数 STDEVPA 求出;$\sqrt{L}$ 为订货提前期的开方。

假设某公司的客户服务水平设定为 99%,经过 Normsinv 函数计算或查安全系数表,得到安全系数 z 为 2.326;物料的订货提前期 10 天;日用量的标准差 837.3。

将这些数据代入"灭绝师太"简化算法公式,安全库存 = $z\sigma d \sqrt{L}$ = 2.326 × 837.3 × $\sqrt{10}$ = 6 159 个。

"灭绝师太"简化算法并不复杂,实战中易于操作,故得到广泛应用,是用得最多的安全库存计算方法之一。

7.4 库存控制的执行:订货

对库存管理来说,订货其实是回答三个问题:要不要订货?订多少货?什么时候到货?

7.4.1 以再订货点确定要不要订货

再订货点，又称订货点，是为避免完全缺货而必须发出新的订单的剩货水平[1]。简单地说，在一般情况下，为了不断货，库存控制人员会在仓库还有一些库存的情况下发出订货需求，这个在发出订货需求时仓库还有的"一些库存"就是再订货点。

定量订货时如何确定再订货点

定量订货，是指当物料的库存量下降到预先设定的库存点时，立即按照事前确定的订货数量发出这个物料订货需求的一种订货方法。

采用定量订货，**再订货点＝最低库存＋安全库存**。

其中，**最低库存＝订货提前期内的预计需求＝日均需求量×订货提前期**。安全库存按上节介绍的方法计算。

上节的例子中，最低库存＝5 142×10＝51 420个；安全库存采用灭绝师太简化算法数据，6 159个，那么再订货点＝最低库存＋安全库存＝51 420＋6 159＝57 579个。

定量订货的订货时间并不固定，在再订货点确定后，库存控制人员监控库存，当库存降低到再订货点或再订货点以下时，就要提出订货需求。

定期订货时如何确定再订货点

定期订货，是按预先确定的订货周期监控再订货点进行订货，以补充库存满足需求的一种订货方法。

定期订货与定量订货的再订货点的确定，两者最大的差异是，定期订货需要考虑订货周期内的需求量，因为一个订货周期才订一次货。

采用定期订货，**再订货点＝最低库存＋日均需求量×订货周期＋安全库存**。其中，订货周期是两次订货的时间间隔，比如固定每周二订货，订货周期就是7天。

假设上例中采用定期订货（一周订一次货），那么，再订货点＝最低

---

[1] 引用自 GB/T 26337.2—2011《供应链管理 第2部分：SCM 术语》。

库存+日均需求量×订货周期+安全库存=51 420+5 142×7+6 159=93 573个①。

一般情况下，定期订货下的库存总量比定量订货要大得多，所以，在实战中，尽可能采用定量订货。以下所述的订货均基于定量订货，这里不再说明定期订货的操作方法。

7.4.2 以最高库存定期法确定订多少货

订多少货指的是订货批量。订货批量的计算方法很多，比如经济订货批量（economic order quantity，EOQ）。经济订货批量有其缺陷②，很多时候是一种理想状态，在中小企业中并不实用，本书推荐使用本书作者许栩原创的最高库存定量法。

最高库存定量法

最高库存定量法的主要思路是，确定公司可承受的最高库存，订货时，保障包含这次订货在内全链的库存不大于这个最高库存。

以最高库存定量法计算订货批量的计算公式：**订货批量=最高库存－物料总库存**。

（1）计算最高库存。

最高库存的确定目前没有统一的算法和公式，本书提出：**最高库存=安全库存＋最低库存×2**。

因为，再订货点=安全库存+最低库存。

所以，最高库存=安全库存+最低库存×2=再订货点+最低库存。

又因为，最低库存的量等于订货提前期的需求量。

所以，"再订货点+最低库存"，代表着常规情况下，本次下单后到物料到货验收入库前（一个订货提前期内），库存不会再破再订货点。

这是我们认为的库存控制所能承受最大的量，故最高库存采用这种算

---

①本处未考虑订货周期对安全库存的影响。
②详见许栩：《库存控制实战手册：需求预测+安全库存+订货模型+呆滞管理》，2021年11月，人民邮电出版社。

法。当然，必须考虑库容情况。

（2）计算物料总库存。

物料总库存不仅仅是公司的库存，还包括客户的库存（内部客户体现为车间线边的库存）和供应商库存（供应商未交付订单）。即：**物料总库存＝客户库存＋公司库存＋供应商库存**。

（3）计算订货批量。

计算公式：**订货批量＝最高库存－物料总库存**。

确定实际下单的订货批量

实际下单的订货批量，除了按最高库存定量化计算的订货批量，还需要考虑最小起订量、最小起送量、最低库存、最小外包装规格、仓库库容（以最高库存代替）、现有总库存等因素的影响。

我们先将这六个因素，分别编号为①~⑥号，同时，将以最高库存定量法计算得出的订货批量编为⑦号，如图7-4所示。然后分三步，确定实际下单的订货批量。

- ①最小起订量
- ②最小送货量
- ③最低库存
- ④最小外包装规格
- ⑤仓库库容（最高库存）
- ⑥现有总库存
- ⑦计算得出的订货批量

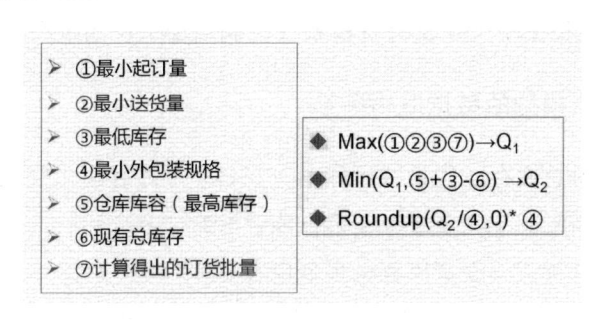

- Max(①②③⑦)→Q_1
- Min(Q_1,⑤+③-⑥)→Q_2
- Roundup(Q_2/④,0)* ④

图7-4　确定订货批量的计算方法

（1）取①、②、③、⑦的最大值，将这个计算得出的最大值定为 *Q1*。

这一步是计算最小起订量、最小起送量（可多个物料一起考虑，为便于讲述，这里只考虑这一种物料）、最低库存和以最高库存定量法计算出来的订货批量这四个数的最大值。

这一步的计算思路如下：

第一，最终下单的订货批量不能比最小起订量小，否则供应商不接单或需要增加额外的费用；

第二，最终订货批量不能比最小起送量小，否则需要承担额外的物流和装卸费用；

第三，最终订货批量也不能比最低库存小，否则需要增加下单和送货次数，加大订货成本。

（2）取 $Q1$ 与"最高库存 + 最低库存 – 现有库存"的最小值，将这个计算得出的最小值定为 $Q2$。

这一步是计算上一步得出的最大值 $Q1$ 与"最高库存 + 最低库存 – 现有库存"两者的最小值。这一步的计算思路是：最终订货批量不能大于最高库存 + 最低库存 – 现有库存（含客户库存和供应商库存，下同）。

（3）将 $Q2$（即第二步计算得出的最小值）除以④最小外包装规格，向上取整，再乘以④最小外包装规格，得出当次订货实际下单的订货批量（最小包装规格的倍数）。

7.4.3 以订货模型确定什么时候到货

表 7-2 模拟了一个定量订货模型（以制造型工厂的生产物料为例）。

定量订货模型的数据逻辑关系

（1）物料总库存 = 当日线边库存 + 当日仓库库存 + 未交付订单。

（2）最高库存 = 安全库存 + 最低库存 ×2。

（3）再订货点 = 安全库存 + 最低库存。

（4）计算订货批量 = 最高库存 – 物料总库存（采用最高库存定量法）。

（5）订货报警，当物料总库存小于再订货点时，进行订货报警。

（6）最终订货批量，见上一节说明。

（7）要求交货时间（什么时候到货）= 当天日期（本例为 2020 年 8 月 20 日）+（物料总库存 – 安全库存）÷日均需求 – 检验入库天数。公式的思路是，按预测的日均需求计算，到货的时候，仓库需要保留有相当于安全库存数量的库存，以避免缺货。

第 7 章 空间线：库存控制实战模型

表 7-2 定量订货模型

					定量订货模型							当天日期		2024/8/20	
物料名称	单位	包装规格	订货提前期（天）	最小起订量	最小起送量	当日线边库存	当日仓库库存	未交付订单	物料总库存	日均需求	安全库存	最低库存	最高库存	再订货点	订货报警	计算订货批量	最终订货批量	要求交货时间
A物料	个	50	10	10 000	20 000	5 000	25 000	20 000	50 000	5 142	6 159	51 423	109 005	57 582	需要订货	59 005	59 050	2024/8/28

要求交货时间计算公式

在表 7-2 的 Excel 表中，要求**到货时间 = ROUNDUP（（物料总库存 − 安全库存）÷ 日均需求，0）− 检验上架时间（本例取 1）＋ TODAY（）**。这个公式分三步：

（1）现有的物料总库存减去安全库存后再除日均需求，再向上取整（ROUNDUP），计算目前的库存在保留安全库存的基础上能用多少天。

（2）用计算出来的天数减去来料检验与入库上架时间（这个根据实际情况而定，本案例全部取 1 天）。

（3）最后以这个天数加上今天的日期，即为要求到货的时间。TODAY（）为计算今天日期的函数（本例取 2020 年 8 月 20 日，即假定今天为 2020 年 8 月 20 日）。

要求到货时间不是"今天日期＋订货提前期"

有必要特别说明一下，要求到货时间并不是"今天日期＋订货提前期"，主要有以下两个原因。

（1）订货提前期并不是供应商的交货提前期，订货提前期包括了入库检验和入库上架时间，以及其他内部的各项流转时间等，订货提前期要大于供应商的交货提前期，所以，不能直接用订货提前期计算。

（2）因各种不确定性，过去的实际需求可能远大于预测的需求，当监控到库存破了再订货点时，可能库存已经下降了很多。这时按订货提前期交货来不及了，可能会缺货，我们需要调整到货时间，比如要求加急到货。

另外，"**物料总库存 − 安全库存**"可能会存在负数，这表示要求到货时间小于今天，即计算出来的是今天以前的日子，这代表有较大风险缺货或已经缺货，需要进行催料或加急催料。

7.5　库存控制的事中跟踪 1：缺货预警

企业管理中，防火优于救火，事前管理优于事后管理。所以，缺货管理的重心是缺货预警，核心也是缺货预警。

本节介绍的缺货预警方法，以生产周期短的制造型企业生产所需原物料为例。

7.5.1 多梯次循环缺货预警

这是许栩原创的一种较全面的缺货预警方法。根据缺货的严重性和紧急程度将缺货分为六个梯次，以不同的警示颜色区分，分别是绿色预警、蓝色预警、黄色预警、橙色预警、红色预警和黑色预警。

多梯次缺货预警

（1）绿色预警，破再订货点预警。

当库存破再订货点时，如果不采取任何动作，现有库存就会有缺货的风险，需要进行缺货预警。这是多梯次循环缺货预警的第一梯次预警，将其称为绿色预警。

将预警再往前置（即在破再订货点之前就进行预警），完全没有必要。一来将预警条件放宽，预警前置，报警的物料将会大大增加，甚至出现全面报警现象，使预警的作用减弱，并且会让真正需要预警的物料得不到预警（关注）；二来预警前置，势必会加大整体库存数量，从而增加库存控制难度。

绿色报警后，需要采取的动作是订货（发出订货需求），即补充库存以避免未来缺货。

（2）蓝色预警，破最低库存预警。

最低库存是必需的库存，是理论上肯定会用到的库存，当物料库存低于这个库存时，该物料未来肯定会出现缺货。所以，当物料的库存低于最低库存时，需要发出缺货预警。这是多梯次循环缺货预警的第二梯次预警，将其称为蓝色预警。

出现蓝色报警时，需要采取的动作是，与供应商（或采购）确认未交付订货单的进度，如有异常，和供应商确定最迟的交货时间，并取得供应商的承诺。

（3）黄色预警，周生产计划缺货预警。

如果仓库的有效库存不足以支撑完整一周的生产计划，那么，代表下周会出现缺货，需要进行缺货预警。这是多梯次循环缺货预警的第三梯次预警，将其称为黄色预警。

黄色报警后，需要采取的动作是，与供应商确认，如果不会影响生产计划执行，继续监控。否则让供应商重新承诺该物料确切的到货时间，并将此信息反馈给生产计划人员调整生产计划，比如延后生产或取消原生产计划等。

（4）橙色预警，未按期到货预警。

未按期到货，就存在缺货风险或肯定缺货，需要进行缺货预警。这是多梯次循环缺货预警的第四梯次预警，将其称为橙色预警。

橙色预警其实是采购到货跟踪，当报警时，采取的动作是，第一时间向包括生产计划、销售与采购在内的各方反馈供应商未按期到货信息；要求采购和供应商给出解释并重新承诺到货时间，并登记记录，为供应商考核及采购绩效分析留取数据。

（5）红色预警，日生产计划缺货预警。

采用日生产计划（或日生产任务）进行生产的，当制订次日生产计划时，需要确认物料需求，如果有效库存不足以支撑完成次日的生产计划，需要进行缺货预警。这是多梯次循环缺货预警的第五梯次预警，将其称为红色预警，这时的情况已经非常严重。

红色预警可能有两种情况：一是供应商可以在明天生产开始前到货并完成验收入库（即正式生产时物料可以及时或稍晚点时间领入车间，对生产计划影响大或没有影响）；二是供应商确定明天到不了货，或者相关人员根据供应商的往常表现判断明天到不了货。

当红色预警时，如果与供应商确认可以在生产开始前到货（并完成验收入库），究竟是不变更生产计划继续等待物料，还是延后或取消该项生产计划，需要根据客户需求和供应商可靠性两方面进行决策。比如，我方对客户的承诺、缺货对客户的影响程度、供应商信誉等。

当红色报警时，如果供应商确认到不了货，即时调整生产计划，并对此带来的若干后果进行梳理与评估，逐一通告对应的部门和对接人，重新回复和承诺生产计划调整后原生产任务的完成时间。

以上两种情况，都需要要求供应商再次承诺具体的到货时间。如果到货时间不可接受，与采购沟通取消或延后采购订单。同时将供应商未及时到货情况登记记录，为供应商考核及采购绩效分析留取数据。

（6）黑色预警，生产当日确定缺货时预警。

生产当日缺货是在做好了前五个梯次预警的基础上，供应商承诺在计划生产的当天会到货，但因各种原因（比如车辆故障、大堵车或来料质量不合格等），不能按时到货，造成最终缺货的情形。出现这种情况，必须进行缺货预警。这是多梯次循环缺货预警的第六梯次预警，其实这不叫预警，实际是已经确定缺货后的应对和补救措施。

黑色预警时，如果预案（比如采用替代物料）不能奏效或不能采用，采取的动作有三个：一是缺货信息及时按流程知会客户或者调整销售出货计划；二是通知生产计划、生产车间、现场品控及仓库等部门，避免生产临时换线或带来其他部门忙乱；三是联系采购或供应商，协商确定此应到未到的物料处理方式（比如允许延后到货或取消采购订单），并记录与考核。

循环缺货预警

绿色预警、蓝色预警、黄色预警、橙色预警、红色预警和黑色预警，是缺货预警的一个顺序，也是一个循环的过程。

缺货预警是由六个梯次组成的循环，起点和终点都是绿色预警，在整个循环过程中，需要持续监控库存情况，根据相应的预警级别和报警情况，采取对应的方法和措施。

当库存破再订货点时，进行绿色预警；当库存继续下降到最低库存时，进行蓝色预警；当库存不足以支撑完成下一周的生产计划时，进行黄色预警；当物料采购后供应商未按期到货时，进行橙色预警；当库存不足以支撑完成次日生产计划时，进行红色预警；当供应商承诺生产当日到货但实际不能到货时，进行黑色预警。

循环的闭环节点是"物料验收入库"，也就是说闭环节点不是固定的，梯次循环并不一定都得全部经历六个预警阶段，可能处于第四梯次阶段就回到循环起点（在这个阶段到货），也可能处在第二或第五梯次。

不管处于哪一个梯次到货，物料验收入库后，都回到第一梯次之前，从第一梯次开始，继续监测绿色预警点，进入下一个循环。

多梯次缺货循环预警是一个持续的过程，也是一个需要坚持的过程。

7.5.2　多梯次循环缺货预警实例

以 Excel 进行多梯次循环缺货预警建模，如图 7-7 所示。

第一步，需求预测。多梯次循环缺货的各种预警的逻辑是对比需求和实际库存的差异进行报警，如表 7-3 上方表格所示，A 物料有 13 周（三个月）数据，采用一次指数平滑法预测未来一周的需求为 35 996 个，折算为每日 5 142 个。

第二步，计算安全库存、最低库存和再订货点。如表 7-3 下方表格所示，安全库存为 6 159 个，最低库存为 51 423 个，再订货点 51 782 个。

第三步，绿色预警、蓝色预警。即时监控库存，输入或自动导入当日线边库存和仓库库存，与再订货点比较，破了再订货点，绿色报警；与最低库存比较，破了最低库存，蓝色报警。

第四步，黄色预警、红色预警。计算物料需求明细需求，分周和日列示，根据当日有效库存，判断能否满足生产计划需求（周生产计划或日生产计划），进行第三梯次黄色预警与第五梯次红色预警。

第五步，橙色预警。橙色预警实际是订货到货跟踪，如果根据实际进展预估供应商不能按时到货，将此信息输入多梯次缺货预警模型，进行第四梯次橙色预警。

第六步，黑色预警。对生产当日能否到货进行判定，如果判定结果是供应商不能按承诺到货，进行黑色报警。

表 7-3 多梯次循环缺货预警模型

物料名称	单位	包装规格	订货提前期（天）	第1周	第2周	第3周	第4周	第5周	第6周	第7周	第8周	第9周	第10周	第11周	第12周	第13周	需求预测（周）	需求预测（日）
A物料	个		10	34 491	37 739	32 662	32 659	33 401	36 285	39 763	38 557	36 535	35 571	33 500	37 241	36 963		
一次指数平滑 $\alpha=0.15$				34 964	34 893.1	35 319.9	34 921.3	34 581.9	34 404.8	34 686.8	35 448.2	35 914.6	36 007.6	35 942.1	35 575.8	35 825.6	35 996.2	5 142.31

多梯次循环预警模型

物料名称	单位	包装规格	订货提前期（天）	当日线边库存	当日仓库库存	公司总库存	日均需求	安全库存	最低库存	再订货点	周生产计划需求	日生产计划需求	是否按时到货	能否按承诺到货	绿色预警	蓝色预警	黄色预警	橙色预警	红色预警	黑色预警
A物料	个	50	10	5 000	25 000	30 000	5 142	6 159	51 423	57 582	4 000	1 000	否	是	报警，需要订货	报警，与供应商确认	报警，确认能否按时到货	报警，重新承诺到货时间		
A物料	个	50	10	800	800		5 142	6 159	51 423	57 582	4 000	1 000	是	否	报警，需要订货	报警，与供应商确认	报警，确认能否按时到货		报警，确认能否按承诺到货	报警，请紧急补救

7.6　库存控制的事中跟踪2：呆滞预警

消除或减少呆滞，是库存管理的主要任务之一。消除或减少呆滞最好的办法是事先的订货控制，其次，是事中的呆滞预警。

呆滞预警的核心方法论：呆滞预警模型+呆滞预警流程。

7.6.1　呆滞预警模型

建模看起来有点儿高大上，其实，有时也可以很简单，用Excel完成就可以。表7-4是用Excel制作的一个简单的呆滞预警模型。

物料分类

按已知条件将全部物料分为常规物料、异常物料和已经确定为呆滞的物料三大类。

已经确定为呆滞的物料，在模型中直接显示为"呆滞"。

异常物料，指已经知道未来可能异常的物料，比如因产品退市或设计变更而造成一些下架或准备下架的物料。分类为异常的物料，需要"呆滞报警"。

常规物料，指以上两者之外的物料，是呆滞预警监控的重点（呆滞预警的真正价值是将常规物料中可能成为呆滞的物料预警出来）。

可供应库存天数、库存不超天数与保质期

可供应库存天数，也就是现有库存能用多少天，是一个计算值，根据现有库存和未来的日均需求计算。现有库存，包括客户库存、公司库存和供应商库存。

库存不超天数是指目前的库存能够使用的天数最大不能超过多少天，如果超过这个天数，则将超出天数的库存判定为呆滞库存。库存不超天数，是一个人为给出的标准。

第 7 章 空间线：库存控制实战模型

表 7-4 呆滞预警模型

			呆滞预警模型				预警阀值	0.75	当天日期	2024/8/20	
物料编码	物料名称	单位	呆滞预警物料分类	保质期（天）	库存不超天数	库存数量（在途）	生产日期	日均需求量	可供应库存天数	呆滞预警1-异常	呆滞预警2-过保质期	呆滞预警3-使用不完
W0001	A物料	kg	常规物料	120	80	3 000	2024/8/17	48	62			呆滞报警
W0002	B物料	kg	异常物料	90	50	2 000	2024/8/4	80	25	呆滞报警		
W0003	C物料	kg	常规物料	60	40	500	2024/7/5	30	16		呆滞报警	
W0004	D物料	kg	呆滞物料	150	90	200	2023/11/16	0	0	呆滞	呆滞	呆滞

177

物料的保质期，当对产品新鲜度或产品时效性要求不高或没有要求的，即对保质期不敏感的，模型中保质期因素可以不要。

预警阈值

比如公司确定，库存不超天数最大 75 天，超过 75 天用量时，超过的部分确定为呆滞库存。呆滞预警时，不能等到超过了 75 天才发现，这没有任何意义。这时，就需要设一个预警值（如 60 天），当总库存超过 60 天用量时，即进行报警。这个"60 天"就是预警阈值。

再比如，保质期 120 天，达到 90 天就报警，这个"90 天"也是预警阈值。

预警阈值设定为多少，需要根据企业实际情况考虑多方面因素确定。在图 7-8 中，采用的是阈值的 75%，比如保质期 120 天，预警阈值为 120 × 75% = 90（天）。

两种报警

设立预警阈值后，可以用 Excel 函数或公式对模型进行报警设计。

呆滞库存有两种报警情景：一是临近保质期的报警，用"保质期"与"当前日期"判断；二是使用不完的报警，用"库存不超天数"与"可供应库存天数"判定。

预警模型是动态的，需要根据实际情况根据各项变化随时更新，持续更新与优化，以保障模型的可用性和有效性。

7.6.2 呆滞预警流程

流程因行业不同、企业不同、管理不同等而各有差异。本节主要讲两点：一是需要写进呆滞预警流程的三个注意点，二是提供一个简易的呆滞预警流程。

需要写进呆滞预警流程的三个注意点

第一点，"可能造成呆滞"的信息如何流转

比如，在流程中明确规定，得知这些信息和决定这些信息的人，必须第一时间与库存控制人员共享，从而及时采取措施，减少或避免更大的损失。

可能造成呆滞的信息，因行业、产品或物料特性而不同。包括但不限于产品下架、物料下架或可能下架的信息；产品需求可能大幅度波动的信息；内外部客户需求变更的信息；产品、销售部门提前知道的市场突变或可能突变信息；供应商异常信息等。

第二点，呆滞预警信息发布后怎么办

预警信息发出后，必须要有行动，在呆滞预警流程中需要明确规定，接下来做什么，谁来做，怎么做。

如果呆滞预警后没有行动或不能引起重视，这样，一来使呆滞预警失去意义，二来可能错失减少呆滞的最佳时间甚至是加重呆滞。比如，明明预警呆滞了，但还在采购或生产。

第三点，如何承担责任或追责

自古以来，追责与处罚从来都不是目的，追责和处罚往往能有效地解决问题。追责能有效地促进呆滞预警流程的执行。

所以，呆滞预警流程需要明确，在流程的关键环节与关键节点，如果不按流程执行，将由谁承担责任，承担什么样的责任。

简化版呆滞预警流程

九步：更新模型参数→导入即时库存数据→导入需求预测数据→呆滞报警→报警信息输出→行动→行动执行跟踪→预警结果分析→追责。

第一步：根据得到的或接收到的信息，更新呆滞预警模型参数，如物料分类、保质期、库存不超天数、预警阈值等信息，以保障模型基数数据的准确性和有效性。

第二步：从系统、库存日报表或库存明细表导入即时库存数据。导入的即时库存数据包含物料的库存数量和生产批次信息或其他需要的信息。

第三步：导入需求预测数据。只要预测数据有变化，就需要导入最新的需求预测数据，以准确计算可供应库存天数。

第四步：呆滞报警。模型自动进行运算，对可能成为呆滞的物料进行报警。密切监控模型，及时、准确地发现这些报警信息。

第五步：报警信息输出。对报警结果进行判断和调整，按公司约定的方式和形式（比如以邮件方式，以"文本描述＋表格附件"的形式）向各相关部门和负责人输出呆滞预警结果。

第六步：行动。各部门收到呆滞预警信息，按既定的要求采取行动。这一步非常重要，不行动的话呆滞预警就失去了意义。

第七步：行动执行跟踪。这一步对于预警流程来说也很有必要，因为如果不执行或执行不到位，会错失避免或减少呆滞的最佳时机，有时甚至会加重呆滞。

第八步：预警结果分析。对每次预警的效果进行跟踪、数据收集和分析，由库存控制人员完成，其作用是不停地优化和更新预警模型，以及找出预警流程的不合理项或执行不到位的地方，以更好地进行后续的呆滞管理与控制。

第九步：追责。这一步必不可少。

7.7 库存控制的事后处理：呆滞管理

呆滞管理主要包括呆滞认定（见第 1 章 1.3）、呆滞预警（第 7 章 7.6）和呆滞处理。本节讲解如何处理呆滞。

在实际库存控制场景中，因预测的不确定性，呆滞再怎么控制，呆滞预警再怎么全面，呆滞库存不可避免地总会产生一些。呆滞处理是库存管理者，乃至高层管理者都会面临的问题。

7.7.1 呆滞处理顺序与方法

很多时候，在一些工作场景中，当呆滞清单出来后，一般的做法是，大家碰个头开个会，然后领导发话，某某物料怎么办，某某物料怎么处理。会开完后，看起来挺完美，呆滞物料似乎都可以处理了，呆滞库存似乎解决了。

但结果呢？一两个月回头一看，可能往往会发现，呆滞还是那些呆滞。当然，还有新增的呆滞。

为什么出现这种情况？其原因在于，呆滞处理没有按照正确的顺序。

呆滞处理的顺序

呆滞处理需要有针对性地找出重点，先处理什么，再处理什么，最后处理什么，这样呆滞库存才能更好地、更及时地被处理。否则，仓库的呆滞库存会永远堆放在角落，直至报废。

当然，呆滞如果能够一次性全部处理完成，这自然是最好的，不需要纠结于什么顺序。

许栩在《库存控制实战手册：需求预测+安全库存+订货模型+呆滞管理》一书中提出过呆滞处理的三个顺序：先新后旧，先多后少，先易后难。

（1）先新后旧。

意思是优先处理新产生的呆滞，再处理以前产生的呆滞。这个顺序尤其适合有保质期限制或对时效敏感的呆滞物料的处理。

为什么要先新后旧呢？下面以食品类产品为例进行说明。

先新后旧，先处理离保质期最远的呆滞，产品日期还很新鲜，是完全正常的产品，只要稍有一点儿力度，就能起到良好的处理效果。这样，一来呆滞物料及库存能够快速得到处理；二来处理的损失不大；三来因为产品还较新鲜，不管采取哪种处理方式，对公司的品牌都没有影响；四来最关键的，呆滞只要一出来就处理了（先处理新的），那么，那些等到临期的呆滞，自然而然就不存在了。

先新后旧，是最彻底的一种呆滞处理方法。

当然，先新后旧，不可避免地会面临一种情况，那就是因为需要处理新的呆滞，可能会造成旧的呆滞无法处理或没时间处理从而被迫发放福利甚至报废的情况产生。但这种情况只会出现一次，就是在首次采用先新后旧处理呆滞的时候。

较为可惜的是，目前很多企业恰恰相反，采取的大多是先旧后新。他们总是认为新产生的呆滞不着急（因为离产品保质期还很远），总是优先处理以前产生的呆滞，优先处理快临期的呆滞。殊不知，这些快到保质期的产品，客户避犹不及，你折扣力度再大，吆喝声再响，效果都不会很明显。这样的结果，往往是旧的呆滞还没处理完，新的呆滞又变成旧的呆滞了。另外，总是先处理旧的呆滞，总是以那些临期的产品进行促销，除了对市场释放不好的信号，还会存在一定的质量风险，可能对公司的品牌和声誉造成不良的影响，这更是得不偿失。

（2）先多后少。

处理呆滞，很大程度上就是扔钱，扔的是老板的钱。所以，每次处理呆滞的时候，老板总会很生气。

所谓先多后少，就是先处理呆滞数量多金额大的，再处理数量不多金额小的。为什么？

第一，处理呆滞，反正要惹老板生气，那就将数量多的、金额大的先处理。俗话说，一只鸭子是赶，一群鸭子也是赶。如果先处理金额小的，会给老板一种错觉，怎么呆滞这么多，越来越多，自然他就会觉得越来越不舒服，越来越恼火了。

第二，先多后少，多的呆滞处理了，少的总会有办法。比如，有时都不需要经过大老板，小部门之间就能想办法协调解决了。退一步说，多的处理后，就算那些少的无法处理造成发放福利或报废，也会因为数量较少，在账面上不至于太难看，老板也会表示理解。

第三，先多后少，因为多的呆滞快速处理了，这样可以有效释放库存空间，从而提高仓库的作业效率，更易看到呆滞处理的成绩。

（3）先易后难。

在数量及金额大小上，先多后少，在呆滞处理的难易上，则先易后难。即先处理容易处理的，再重点攻关处理难的。为什么先易后难呢？

首先，先处理容易的，可以快速减少呆滞的数量，让呆滞库存对仓库和物料管理的影响在最短的时间内得到缓解或减轻。

其次，因为容易处理，会使呆滞处理流程走得特别顺畅，这样非常有利于提升各方的信心和配合度。

最后，在常规情况下，难处理的呆滞占比并不是很多，应当将容易处理的搞定后，再重点解决较少部分难处理的呆滞，会发现也不是想象得那么难。

呆滞处理方法

呆滞处理方法，本书建议使用一个表格来管理。这个表格即呆滞及呆滞处理跟踪明细表，如表7-5所示。

第7章　空间线：库存控制实战模型

表 7-5　呆滞及呆滞处理跟踪明细表

提报日期　2024/8/20

物料编码	物料名称	单位	保质期（天）	呆滞数量	生产日期	呆滞判定日期	呆滞原因	呆滞处理方法	要求处理完成日期	处理责任人	实际处理日期	实际处理数量	剩余处理数量
W0001	A物料	kg	270	100	2023/11/5	2024/8/9	过保质期	报废	2024/8/14	张三	2024/8/13	100	处理完成
W0001	A物料	kg	270	200	2024/3/20	2024/8/9	过临保期	W产品使用	2024/8/16	李四	2024/8/16	150	50
W0001	A物料	kg	270	300	2024/7/14	2024/8/9	库存耗用不完	Y产品使用1 000	2024/9/3	李四	2024/8/19	200	100
W0001	A物料	kg	270	2 000	2024/7/19	2024/8/9	库存耗用不完	为期30天促销	2024/9/13	王五	2024/8/20	280	1 720
W0005	E物料	kg	60	90	2024/7/19	2024/8/19	过临保期	新增，待确定		赵总			90

183

呆滞及呆滞处理跟踪明细表需要按期提报，定期跟踪，并不停地将跟踪结果发相关责任人员及主要负责领导，以加深大家的印象和加强记忆，提升呆滞处理任务的紧迫感，从而保障呆滞处理按计划及相关要求执行。同时，也为呆滞处理不力进行追责提供依据。提报的方式有两种：

（1）定期提报：比如每月提报一次，每月5日左右发出。

（2）不定期提报：当有新呆滞产生时，发出呆滞及呆滞处理跟踪信息。

7.7.2 呆滞处理的组合顺序与实例

呆滞处理的三组顺序，先新后旧、先多后少、先易后难。但是，实际工作中这三组顺序可能冲突。比如，有两批呆滞，一批是之前产生的，数量比较多，另一批是最近产生的，但数量相对较少。在这种情况下，是先多后少还是先新后旧呢？

呆滞处理的组合顺序

呆滞处理的组合顺序，如表7-6所示。

表7-6 呆滞处理的组合顺序

先新后旧		先多后少		先易后难		处理步骤
判定	SKU数量	判定	SKU数量	判定	SKU数量	
新呆滞	12	数量多金额大	5	容易处理	3	1
^	^	^	^	难处理	2	2
^	^	数量少金额小	7	容易处理	4	3
^	^	^	^	难处理	3	4
旧呆滞	8	数量多金额大	5	容易处理	2	5
^	^	^	^	难处理	3	6
^	^	数量少金额小	3	容易处理	1	7
^	^	^	^	难处理	2	8

第一，先新后旧。当有多批呆滞物料需要处理时，不管多少，不管易难，先找出最新产生的呆滞进行处理，比如总是先处理生产日期最新鲜的呆滞。说明一下，先新后旧，不是只新不旧，新的处理了，接着着手处理

旧的（以下先多后少、先易后难相同）。

第二，先多后少。在先新后旧的基础上再先多后少，当处理新的呆滞时，在新的呆滞里找出多的先处理。同样，在处理旧的呆滞时，也是在旧的呆滞里找出多的先处理。

第三，先易后难。如果多与少不明显，可以减少"先多后少"的环节，直接进入"先易后难"。如果多与少比较明显，则需要在确定多与少的基础上再先易后难，即先处理多的呆滞中比较容易处理的，再处理多的呆滞中较难处理的，然后，处理少的呆滞中比较容易处理的，最后处理少的呆滞中较难处理的。

呆滞处理组合顺序的应用实例

假设某公司，月初提交的呆滞及呆滞处理跟踪明细表中，有20个SKU的呆滞，需要公司处理，见图7-9。

按照先新后旧、先多后少和先易后难的组合顺序，进行逐项逐批的处理。

1. 如表7-6所示，20个呆滞最小存货单位中，有12个呆滞最小存货单位是新产生的，那么先处理这12个新产生的呆滞，这是先新后旧。

2. 这12个最小存货单位新产生的呆滞中，有五个最小存货单位数量较多金额较大（比如占到总呆滞金额的一半），这时选出这五个最小存货单位的呆滞先进行处理，这是先多后少。

3. 接着分析这些要先处理的五个最小存货单位的呆滞，发现其中有三个最小存货单位处理起来相对比较容易（比如可以直接替代用到其他产品中），那么，最先处理的是这三个最小存货单位，这是先易后难。

4. 以此类推，第3步至第8步一步一步地处理，见表7-6中的"处理步骤"。

最后，强调一下，呆滞处理要有顺序，还必须要有跟踪。如果没有跟踪，这呆滞很可能会成为长久的呆滞（或废品）。呆滞及呆滞处理跟踪明细表，除了提报呆滞，还有一个最主要的作用，就是对呆滞处理的执行情况进行跟踪。

第 8 章　执行线：从广义订货到狭义订货

订货是库存管理的主要执行动作。订货，是根据客户需求，包括已经产生的需求（客户订单）和未来可能产生的需求（需求预测），准备数量合理的库存，满足客户需求的过程。库存量需符合 7C：正确的时间、将正确的产品以正确的质量并完整的文件资料、正确的包装和放置条件、送达正确的地点、交给正确的客户。

8.1　广义订货与狭义订货

广义订货与狭义订货，是本书作者许栩最早于 2021 年首先提出的一组概念。

订货，从客户需求而来，在介绍广义订货与狭义订货之前，我们先看看几个需求的概念。

8.1.1　与订货相关的三组需求

独立需求与相关需求

从与其他需求的关联性，可以将需求分为独立需求与相关需求。

当对某项物料的需求与对其他物料的需求无关时，这种需求为独立需求。例如，最终产品的需求，用于进行破坏性测试的零部件需求，以及维修零部件的需求，都是独立需求。

与其他物料或最终产品的物料清单结构直接相关或从中导出的需求即为相关需求。因此，这种需求经计算得出，不需要也不应该由预测得出。

给定库存物品在任一给定时间可同时具有独立与相关需求。例如，一种零件可以作为组装部件，同时也可作为备件用于销售①。

独立需求的关键词是"独立"，指的是这个产品的需求与其他产品没有关联，是完全独立的。相关需求则相反，比如，客户对公司最终产品的需求是独立需求，而生产这些产品所需要的物料需求是相关需求。与其他需求直接相关或从中导出，比如，从最终产品的需求经 BOM 分解导出。

独立需求的需求量由市场决定，来源于客户订单或需求预测。相关需求的需求量由独立需求决定，根据相关规则计算得出。

独立需求与相关需求的区分并不怎么绝对，独立需求与相关需求存在互换或交叉状态，给定的库存物品在任一给定时间有可能同时具有独立需求和相关需求属性。比如，一种零部件可以作为组装部件，是相关需求，同时也可以作为备件直接用于销售，又是独立需求。

原始需求与计划需求

从需求是否经过处理，将需求分为原始需求与计划需求。

原始需求，指的是客户最初的需求。比如，客户下单 A 产品 1 000 件，这 1 000 件 A 产品的需求就是原始需求。再比如，我们预测未来一个月，A 产品的总需求是 5 000 件，这 5 000 件 A 产品的需求也是原始需求。

计划需求，指的是需要排进计划（生产或采购）的需求。比如，客户下单 A 产品 1 000 件，但仓库还有 800 件库存，这时只需要生产或采购 200 件即可；或者安排生产或采购 500 件（多出的 300 件留作安全库存）。这里，200 件或 500 件 A 产品的需求，就是计划需求。

计划需求是一种计算得出的需求，计划需求的目的是更好地满足原始需求。

毛需求与净需求

毛需求，是指在去除现有库存和预计入库量之前，对一个部件的独立和相关需求的总和。净需求，是根据零件毛需求量、现有库存状况所定的实际

---

① 引用自 GB/T 25109.1—2010《企业资源计划 第 1 部分：ERP 术语》。

需求数量，是毛需求减去现有库存量和预计入库量计算出来的物料需求量[1]。

和财务上的"毛利与净利"非常相似。毛需求不管仓库里有多少，也不管供应商还有多少没送，只计算客户要多少。净需求则需要减去仓库内的库存和供应商未交付的订单。

对原始需求与计划需求、毛需求与净需求的理解

毛需求与净需求采用的是国标上的定义。从定义看，这两组概念非常相似。甚至可以认为，原始需求就是毛需求，计划需求就是净需求。

但是，毛需求与净需求未区分独立需求与相关需求，毛需求与净需求都包括独立需求和相关需求，这容易造成订货的混乱。所以，为此我们提出原始需求与计划需求，并对原始需求与计划需求、毛需求与净需求进行区分。

原始需求，指客户最初的独立需求；计划需求，指根据原始需求及库存状况经计算的需要安排生产或采购的独立需求。原始需求和计划需求都只针对独立需求。

毛需求，是在去除现有库存和预计入库量之前的相关需求；净需求，是根据毛需求及现有库存计算出来的相关需求。毛需求与净需求只针对相对需求。

8.1.2　广义订货与狭义订货

有了原始需求，根据原始需求及企业的库存状况，就可以计算得出计划需求，计划需求经物料清单分解等计算输入给毛需求，毛需求根据现有库存等计算得出净需求，这条路径就是原始需求、计划需求、毛需求、净需求的关系，如图8-1所示。

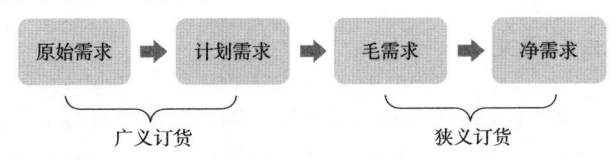

图8-1　原始需求、计划需求、毛需求、净需求的关系

---

[1] 引用自 GB/T 25109.1—2010《企业资源计划 第1部分：ERP 术语》。

广义订货：从原始需求到计划需求

原始需求是客户最初对产品的需求，企业获知这个需求后，需要根据产品的现有库存、库存控制策略、订货方法而生成计划需求，从而向供应商订货。从原始需求到计划需求的订货，我将其称为广义订货。

前面有提到，原始需求与计划需求都是独立需求，针对的是企业可供销售的最终产品。在制造型企业，独立需求的产品一般由企业内部提供，比如生产部或生产车间。所以，广义订货针对的是独立需求，主要是成品订货，主要面向内部供应商，接受对象（接单人）一般为生产计划。

当然，在实际业务中，广义订货所订购的，也可能有少量直接销售的半成品或原材料。广义订货主要针对内部供应商，但并不排除外部供应商。

狭义订货：从毛需求到净需求

按重新定义，毛需求与净需求都是相关需求。物料的毛需求根据广义订货得出的计划需求经计算而来。

有了物料的毛需求，需要根据物料库存以及库存控制策略、订货方法而生成净需求，从而向供应商订货。从毛需求到净需求的订货，我将其称为狭义订货。

狭义订货针对的是相关需要，主要是材料订货（包括原料、辅料和包材与部分半成品订货），主要面向外部供应商，接受对象（接单人），一般为采购（物控向采购下达请购需求）。

8.2 广义订货的思路与方法

广义订货与狭义订货，仅针对制造型企业，如果没有生产制造环节，不需要进行广义订货与狭义订货的区分。非生产制造型企业的订货，可以理解为只有广义订货，按本节介绍的逻辑和思路执行即可。

8.2.1 订货实现的两条路径

供应链计划（supply chain planning，SCP），是在供应链管理中，对相关输入进行分析和平衡，达到以理想的效率、合理的库存、准确的时间来满足客户需求的一系列计划的总称。

供应链计划包含一系列计划，我从需求和供应两个角度，对其进行了一个简单的分类，如图8-2所示。

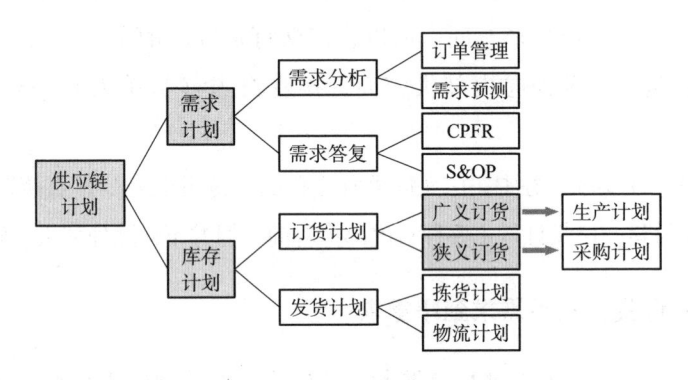

图8-2 供应链计划

在供应链计划体系中，订货属于库存计划的一部分。订货怎么实现呢？订货计划如何执行呢？

路径1：从综合生产计划、主生产计划到物料需求计划

订货的实现，目前，很多企业采用的是生产计划体系的一套较为完整路线：由综合生产计划到主生产计划，再到物料需求计划的路线。

综合生产计划（aggregate production planning，APP）是基于企业的中长期需求与企业资源而做出的，指导中长期生产的纲领性规划，是针对企业的整个产品线，或针对大分类的产品群（产品族）而做出的涵盖时间、产量、库存、效率与成本的综合性生产规划。

主生产计划（master production schedule，MPS）是面向产品，以独立需求为对象的生产计划。它反映了指派给主计划排程人员的产品预期生产计划。该计划驱动物料需求计划。它代表了企业计划生产什么，以详细的配置、数量和时间表示出来。主生产计划不是反映需求状态的产品销售预测。它必须考虑预测、生产计划和包括未结订单、物料可用性、产能可用性及管理政策和目标在内的其他重要因素①。

物料需求计划（material requirements planning，MRP）利用一系列产品物料清单数据、库存数据和主生产计划计算物料需求的一套技术方法②。

综合生产计划是基于产品群的纲领性规划，主生产计划是面向独立需求的最终产品的预期生产计划，物料需求计划是计算物料需求的方法。这条路径，从综合生产计划、主生产计划到物料需求计划，从大到小，从粗到细，面面俱到，似乎可以完整地解决订货问题。

但这条路径存在一些不足。订货的目的是满足客户需求（7C），目标是准备数量合理的库存。不管是综合生产计划、主生产计划，还是物料需求计划，它们更侧重于生产（比如生产效率、合理排程等），并不是直接针对客户需求，与订货的目的和目标有一定的距离。

所以，本书提出另一条订货的实现路径，基于客户需求满足的实现路径。

路径2：从自定义的S&OP、广义订货到狭义订货

销售与运作计划（sales and operations planning，S&OP），是指调节相冲突的商业目标，并对未来供应链发展进行计划的战略规划流程，一般包括各种商业职能，例如销售、运营、财务等，以便与整个企业的发展规划保持一致③。

S&OP的主要思路是以现有资源（约束）满足客户需求，其目标是实现综合平衡（实现"一个计划"）。

但本书中的S&OP，是自定义的S&OP，仅以S&OP为思路和工具解决实际问题，着眼于库存管理实战和执行，而不追求理论本身或是否符合

---

①引用自GB/T 25109.1—2010《企业资源计划 第1部分：ERP术语》。
②引用自GB/T 18354—2021《物流术语》。
③引用自GB/T 26337.2—2011《供应链管理 第2部分：SCM术语》。

S&OP 精神（正确）。

如何自定义？S&OP 首先是战术层面，但它也终须进入战略层面，S&OP 是连接战略和战术（执行）的工具。本书自定义的 S&OP，是从战术层面出发，针对具体的 SKU 以实现短期供需链平衡。这个自定义与传统的 S&OP 完全不同。传统的 S&OP 强调战略层面，针对产品族或产品群以实现长期供需求链平衡。

经 S&OP 综合平衡后得出的正式预测，是广义订货的主要输入，广义订货则是狭义订货的输入，从 S&OP、广义订货到狭义订货，完成库存准备，满足客户需求。这就是基于客户需求满足的另一条订货实现路径。

但 S&OP 并不是这条路径的必选项。如果企业没有做 S&OP，甚至没有专门的人做需求预测，订货人员可以自己做预测，作为这条路径的起点。自己做的预测为广义订货的输入。

关于 S&OP 的详细操作，请参考许栩《供应链计划：需求预测与 S&OP》一书。

两条路径的对比与适用范围

综合生产计划与 S&OP 都致力于供需平衡，都是以中短期需求预测为基础的计划。但综合生产计划是一种纲领性规划，针对的产品群仅起指导作用。而本书自定义的 S&OP 是针对具体 SKU 的兼具指导与执行双重特性的计划。

主生产计划与广义订货都回答了明细产品的需求数量和需求时间，都要求考虑安全库存等多项因素。主生产计划要求计算每一期的期末可用量，并根据期末可用量进行下一期的计划。广义订货则没有这方面的要求，广义订货可以分期滚动。实战中，主生产计划相对复杂一些，广义订货更简单、更容易落地。广义订货可以是月度订货，也可以是周或日订货，主生产计划一般为月度计划或滚动 13 周计划。

物料需求计划与狭义订货针对的都是最终的物料需求。物料需求计划按物料清单的层级分为半成品需求和材料需求，而狭义订货更侧重于对内与对外。

这两条路径的适用范围，本书从生产提前期与企业的计划管理水平两个维度出发，提出如下建议。

（1）生产提前期长的，适用于从综合生产计划、主生产计划到物料需求计划；生产提前期短的，适用于从 S&OP、广义订货到狭义订货。提前期长短的标准根据企业实际及管理人员思路及风格而定，一般建议以 3 天为标准，提前期超过 3 天的为提前期长，提前期在 3 天或 3 天以内的为提前期短。

（2）计划管理水平高的，可采用从综合生产计划、主生产计划到物料需求计划；计划管理水平一般或低的，建议采用从 S&OP、广义订货到狭义订货。计划管理水平高与低也没有判定标准，可以采用一个简单粗暴的方法，用计划团队的工资总额判定，工资总额达到本地区中等以上水平的为计划管理水平高，否则为计划管理水平低。比如，你计划经理的工资比生产经理的工资低了一个量级，或者生产有经理，计划只有一个主管，你说你的计划管理水平高，谁都不会相信。

以上两点，同时满足的，采用从综合生产计划、主生产计划到物料需求计划路线。只要有一项不满足的，建议采用从 S&OP、广义订货到狭义订货路线。

8.2.2 广义订货的思路

根据客户需求准备库存是广义订货的定义，也是广义订货的底层逻辑。

广义订货的三个基础思路

（1）只输出计划期间的需求数量与需求时间，不做其他输出。比如，不用输出期间每小阶段期末的可用库存。需求随时在变动，预测也随时在调整，根据客户需求准备库存，所需要知道的，就是需求数量与需求时间。

（2）如无战略意图，不做或少做安全库存。成品库存对库存总量的影响与物料库存对库存的影响，在数量上有量级的差距，广义订货主要考虑的是期间的需求，尽可能不做安全库存。当然，在严格分类的基础上，抽取小部分做安全库存也可以考虑，比如 AX、BX 类。

（3）只考虑成品的生产提前期，不考虑底层提前期（半成品提前期与材料的采购提前期）。广义订货做的主要是成品订货，做广义订货时默认各项材料配件齐全，也就是狭义订货已将各项物料准备完成。

广义订货的时间间隔与时间跨度

广义订货采用定期订货，定期要确定时间间隔和时间跨度。

（1）时间间隔。

所谓时间间隔，简单点说，就是多长时间做一次广义订货。

"从 S&OP、广义订货到狭义订货"这条路径的起点是 S&OP，所以，广义订货的时间间隔不能超过 S&OP 的时间间隔。基于短期平衡的 S&OP 的时间间隔建议为一个月，广义订货的时间间隔不要超过一个月。

如果企业的需求预测与 S&OP 同步，一个月做一次（滚动三个月），那么广义订货的时间间隔也定为一个月，比如一些生产提前期较长的企业。

如果企业的需求预测在 S&OP 月度预测的基础上每周制作滚动的周预测，那么广义订货的时间间隔定为一周。生产提前期不长的企业都可如此确定。

如果企业没有 S&OP，也没有专门的人做需求预测，订货人员自己做预测。在这种情况下，如果生产提前期较长，广义订货的时间间隔建议为两周；如果生产提前期不长，广义订货的时间间隔一周为宜。

（2）时间跨度。

所谓时间跨度，简单点说，就需要订多长时间的货。比如，每个月底广义订货，每次订一个整月的货，那么，下个月 1 日到 30 日（或 31 日）就是时间跨度。

广义订货的时间跨度与需求预测的时间跨度同步。比如，生产提前期较长的企业，需求预测和广义订货的时间跨度都设定为一个月；生产提前期不长的企业，需求预测和广义订货的时间跨度都设定为一周。

如果没有专门的人做需求预测，生产提前期长的，广义订货的时间跨度建议为两周；生产提前期不长的，广义订货的时间间隔建议为一周。

（3）滚动广义订货。

滚动计划是应对各项不确定性的最有效方法之一。何谓滚动？比如每月底广义订货，每次都订未来三个月的货并分月列示，5 月底做 6~8 月的,到了6月底,做7~9月的,依次滚动。

滚动广义订货具体的滚动期数,以广义订货时间跨度的长短而定。时间跨度为月的,建议广义订货滚动三个月;时间跨度为周的,建议广义订货滚动四周或五周。

滚动广义订货,滚动的第一期为执行性的,其他各项为指导性,让生产或供应商提前备料或产能储备。

广义订货的输出与输入

广义订货的输出其实非常简单和单纯,就是关于订货的经典三问:订什么货、订多少货和什么时候到货。

第一问:订什么货。广义订货是针对产品明细库存保有单位的订货,订什么货需要细化到企业最终的出货单元。

第二问:订多少货。一是数量要明确(不是准确),不能只给一个范围,要有确切的数;二是考虑包装规格,最好不要有尾数,否则会增加包装与运输成本并增加仓库管理难度;三是考虑最小起订量(最低生产量),不能每次都只订一两个,没办法开机生产。

第三问:什么时候到货。广义订货对什么时候到货的要求不十分严格,只要求列出在哪个时间跨度内到货即可,不需要细化到哪一天。

为了得到以上三项输出,广义订货需要七项输入。

(1)需求预测。需求预测是广义订货的第一个输入,也是最核心的一个输入。需求预测是经S&OP综合平衡之后的预测或滚动预测。如果企业没有做S&OP,那么由做需求的人提供或自己做预测。

(2)基础数据。比如产品规格、订货提前期、最小订货批量、订货周期和客户服务水平等。

(3)是否退市(或是否有退市计划)。这个数据非常关键,产品退市信息要及时共享,收到退市信息,即刻停止所有订货,取消在途订货。

(4)当前库存。当前库存是指制作广义订货时的即时库存,取自系统的即时库存数或仓库库存明细表的当日结存数。

(5)已接订单。指已接未发货订单,已接订单要求交货的起始时间需要与当前库存同步。已接订单需要交货的截止时间不要超过滚动订货的一个时间跨度（非滚动订货的不要超过两个时间跨度）。比如订货的时间跨度为一周，采用每周滚动订货，那么，已接订单的统计区间为从当前库存的截止时间到下一周的周末。

（6）在途订货。一般指在途生产计划，即进行广义订货时，生产未完成的生产计划。在途订货的截止时间需要与当前库存、已接订单同步。

（7）历史数据。广义订货的历史数据一般是实际出货数据。

8.2.3 广义订货的实操与案例

广义订货的六个步骤：收集、汇总数据→历史数据分析→计算日均需求、最低库存、安全库存和再订货点→计算订货数量→滚动广义订货→广义订货跟踪。

下面以一个 Excel 制作的广义订货模型为例，讲解这六个步骤，提供包括广义订货、狭义订货在内的完整的订货模型，如表 8-1 所示。

收集、汇总数据

（1）基础数据的确定与导入。确定并将产品的规格、生产提前期、最小生产批量和客户服务水平、订货周期等数据填入或导入广义订货模型。本例订货周期定为一周，每次滚动提出未来五周的订货。本例的产品尽管有规格，但都支持拆零销售，需求量少时也可以拆零甚至是单个生产。

（2）导入是否退市、当前库存、已接订单与在途订货。从系统中导入或从仓库库存明细表、订单跟踪表与生产计划跟踪表中导入。

（3）整理与导入需求预测。将需求预测数据导入广义订货模型，如果是滚动预测，将第一期直接导入模型，未来几期单独列表备后续计算。

（4）将历史数据进行汇总（必要的清洗）。以月度需求为单位分析的以月汇总，以周需求为单位分析的以周汇总。本例汇总的是 12 周数据。

历史数据分析

（1）新品判定。

如果企业的新品是由产品部门或市场部门确定的并附有清单，那么新品就是一种基础数据，直接导入广义订货模型即可。

第8章 执行线：从广义订货到狭义订货

表8-1 广义订货模型

成品编码	规格	提前期	最小批量	是否退市	新品判定	ABC-XYZ	当前库存	已接订单	未来一周预测	客户服务水平97% 日均需求	订货周期7 最低库存	安全库存	再订货点	订货区间 2022/5/24 在途订货	2022/5/30 下周订货	日常跟踪 库存预警	最近3天需求	5/22 断崖预警	2022/3/1	2022/3/8	2022/3/15	2022/3/22	2022/3/29
XMCL00001	50	2	200			0.725089085	34	871	1380	198	396	0	396	300	550	报警	343		1183	411	513	411	599
XMCL00002	20	3	80			0.759715181	132	80	341	49	147	0	147		0	报警	89		257	313	45	185	1011
XMCL00003	50	2	200			0.589514413	33	1375	1719	246	492	0	492	340	1050	报警	303		1292	930	680	636	2264
XMCL00004	20	2	40			1.33061514	17	243	204	35	70	0	70	60	180	报警	0		151	130	20	203	62
XMCL00005	10	2	40	退		1.984313483	0	2	0	1	2	0	2		2		0			2		1	1
XMCL00006	10	2	40			0.838158574	1	1	13	2	4	0	4		40	报警	0	报警	39		10	0	3
XMCL00007	50	2	100			0.646959791	466	801	1362	195	390	0	390		350	报警	352		535	785	233	754	1741
XMCL00008	20	2	80			1.39259462	206	0	279	40	80	0	80	40	0		8		153	2	216	230	2
XMCL00009	10	2	20	退		100	0	0	0	0	0	0	0		0		0						
XMCL00010	10	2	40			1.399603558	45	32	27	5	10	0	10		0	报警	1		11	0	27	0	1
XMCL00011	20	2	40			0.88200374	299	306	291	44	88	0	88	40	20	报警	7		50	331	243	40	295
XMCL00012	20	3	40			1.195365188	69	172	219	32	96	0	96		80	报警	48		100	75	120	50	4
XMCL00013	10	2	40			1.949551132	20	3	11	2	4	0	4	40	20		0	报警	64	19	0	36	0
XMCL00014	10	2	40			1.70378059	16	38	38	6	12	0	12		30	报警	3		3	1	31	0	14
XMCL00015	20	3	40			0.698024185	53	251	327	47	141	0	141	60	140	报警	0		76	167	55	151	169
XMCL00016	20	2	40			0.825815975	48	149	310	45	90	0	90	60	60	报警	32		416	226	53	169	423

大多数企业的大多数情况下，新品总是层出不穷，产品或市场部一般没有一份随时更新的产品清单，这时，什么是新品在需要广义订货时自行判定。

新品判定首先要确定新品的标准，即产品上新后多长时间才算是新品，超过了这个时间就不再是新品了。比如，有的企业以上新一个月内为新品，超过一个月即为正常产品。本例将最近四周有需求，但前八周没有需求的判定为新品。

新品也可以进行再往下细分。本例将最近一周上新的，分为新品1，剩下的为其他新品。

（2）ABC-XYZ 矩阵分类。

在进行 ABC 分类和 XYZ 分类之前，需要先确定各自的分类标准。实战中没有统一或通用的标准，需要根据产品的特性和企业的实际情况而定。提三个建议：一是 A 类物料的品项数最好不要超过总品项数的 10%；二是 A 类物料的耗用数量（金额）不要少于总耗用量的 70%；三是 Z 类的变异系数不要大于全部变异系数的中位数（即至少变异系数的中位数以后的全部是 Z 类）。

本例的 ABC 分类是按消耗数量进行的分类，ABC 分类标准：累计业绩占比超过 70% 并且累计品项占比在 10% 以内的为 A 类，累计业绩占比 10%～30% 并且累计品项占比在 10%～30% 的为 B 类，累计业绩占比 10% 以内并且累计品项占比在 70% 的为 C 类。

根据需求特性及整体数据，本例 XYZ 分类标准定为：变异系数 0.8 以下的为 X 类，0.8～1.5 的为 Y 类，1.5 以上的为 Z 类。

计算日均需求、最低库存、安全库存和再订货点

日均需求指的是一个订货时间跨度的日均需求，来自需求预测和已接订单。需求预测与已接订单两个数怎么合并计算日均需求依实际需要而定。一般情况下，日均需求取两者的最大值。

最低库存按常规计算方法计算即可：**最低库存 = 提前期 × 日均需求**。

广义订货尽可能不备或少备安全库存，可以根据新品及 ABC-XYZ 矩阵分类而区别进行，提供如下思路。

（1）新品不备安全库存。新品需求不稳定，就算数据稳定也极其不可靠，安全库存很难起到"安全"的作用。可以稍放大提前期（比如1~3天）按预测与已接订单较大者进行备货，以起到安全库存的作用。

（2）X类可备安全库存。AX可采用较宽松的算法计算安全库存，BX类采用常规方法计算安全库存，CX以设定一定天数的需求备安全库存或不备安全库存。

（3）AY类可以少量备安全库存。可以用预测数与已产生订单数差异的一定比例来备。比如某AY类产品，下一期预测需求10 000套，已产生订单3 000套，那么我们可以备7 000套（10 000 - 3 000 = 7 000套）的一定比例（比如40%）的库存（2 800套）。

（4）其他产品都不备安全库存。狭义订货会对备原材料库存，接单后即可安排生产。

再订货点按"最低库存 + 安全库存"计算。

特别提醒一点，因为历史数据与需求预测都是滚动的，所以，日均需求、最低库存、安全库存和订货点也不是固定值，也在滚动变化，保持最新的数据。

计算订货数量

这是广义订货的核心环节，是对"订什么货、订多少货、什么时候到货"三个问题的回答。

广义订货对什么时候到货的要求不十分严格，只需列出一个时间跨度。

订货数量 = 需求数量 + 安全库存 - 当前库存 - 在途订货

当前库存与在途订货是第一步导入的已知数据，安全库存已在第三步计算得出。

需求数量的计算，根据第二步的分类而分别采用不同的方法。

（1）退市产品。

退市产品可能有未完成订单，未完成订单并且没有库存的，是取消订单还是继续订货，根据企业策略或领导的指示而定。

退市产品原则上不订货并立即取消在途订货。如果公司规定未完成订单也需要如期交付，则按订单数量减去库存数量订货（或调整在途订货），退市产品订货不考虑批量。

（2）新品。

新品 A 类。因新品未备安全库存，新品 A 类可略放大订货。放大订货采取的策略就是将需求放大。具体做法是将提前期（含订货周期）增加几天，比如：**预测的平均需求 ×（订货周期 + 生产提前 + 3 天）**。新品 A 类的需求要考虑已接订单数量和最小订货批量，最终的需求为最小订货批量、按预测计算的需求和已接订单三者的最大值。

最近一个销售周期上新的新品。此类新品如果销售较大归为 A 类，那么按新品 A 类计算。非新品 A 类的新品1，全部按预测和已接订单两者的最大值订货，并考虑最小订货批量。

其他新品按订单订货，归于 B 类的考虑最小订货批量，归于 C 类的不考虑最小订货批量（即直接以已产生的订单数订货）。

市场或销售部有特殊需求的新品，从其需求，比如专门推广或针对性促销。

（3）AX 类产品。

AX 类销量大并波动小，可以放大需求订货。策略同新品 A 类。

（4）BX 类产品。

BX 类销量中等但波动小，可以用正常需求订货。正常需求为提前期（含订货周期）的预测需求与已产生订单较大者，并考虑最小订货批量。

（5）AY 类。

AY 类销量大但有一定的波动，需要放小需求订货。放小需求的策略是以提前期（含订货周期）的预测需求乘以一定的比例（比如60%），再与已产生订单取较大者。

AY 类也需要考虑最小订货批量，即 AY 类的订货需求 = MAX（最小订货批量，已接订单，预测需求 × n%）。

（6）其他类。

除以上各类别之外的其他全部类别，不备成品库存，按订单订货。归于 A、B 类的考虑最小订货批量，归于 C 类的不考虑最小订货批量。

滚动广义订货

广义订货一般要求滚动 3~5 个订货时间跨度，下面以 5 周滚动为例，讲一下具体操作。

第四步计算的结果，是 5 周滚动广义订货的第 1 周订货数量。第 2 至第 5 周按如下思路进行。

（1）因为滚动计划第一个周期为执行性计划，后面的周期都是指导性计划，所以第 2 至第 5 周的订货都是指导性订货，不用考虑订货批量。

（2）因为第 1 周的订货已加入了安全库存因素，所以第 2 至第 5 周不用再考虑安全库存。

（3）因为第 1 周的订货已充分考虑已接订单，所以第 2 至第 5 周只考虑之后期间的已接订单。实战中，第 2 个时间跨度的已接订单并不多，大多数时候不大于预测数，正常情况下，第 2 至第 5 周可以不考虑已接订单。

综上，第 2 至第 5 周只要考虑需求预测、期初库存和在途订货三个因素即可，其计算公式为：**当期的预测 - 不小于 0 的（期初库存 - 之前各期的预测）**。

广义订货跟踪

订货跟踪关注的是预测与实际的差异。差异无非两种，一是预测少了，二是预测多了。所以，订货跟踪关注的重点也是两个，一是库存预警，二是断崖预警。

以库存预警应对预测少了。通过库存预警，提前采取措施应对，比如追加订货或收缩接单。

库存预警的具体操作，看当前库存加上在途订货能不能满足未来的需求。这里分两种情况：一是未来的需求来自预测（预测比实际订单大），可以采用传统的再订货点为库存预警的阈值，当前库存与在途订货之和小于再订货点时，即进行库存报警；二是未来的需求来自实际的订单（实际订单比预测大），可以直接用实际订单之和为库存预警的阈值，当前库存与在途订货之和小于实际订单的，即进行库存报警。

断崖预警是为了应对预测多了。通过发现销量下滑（断崖下滑），提前采取措施应对，比如立即取消订货或立即停止生产，或者进行促销等增加需求。

断崖预警的具体操作，将一个订货时间跨度内的最近时间段的需求，与时间跨度内预测的总需求对比，判断需求的下滑程度。比如，以周为单位预测的，可以将一周内最近时间段的需求（比如最近 3 天的需求）与一周预测的需求进行对比，当最近 3 天的需求小于一周预测的需求的一定比例（比如 1/5）时进行报警。

8.3 狭义订货的思路与方法

狭义订货，是根据物料的原始需求、现有库存及企业的库存控制策略、订货方法向供应商下达订货需求的过程。

8.3.1 狭义订货的思路

狭义订货满足的是物料的原始需求，根据物料的原始需求准备数量合理的库存是狭义订货的核心逻辑。

狭义订货的四个基础思路

（1）预测材料的需求。

狭义订货主要满足的是广义订货对材料的需求，但上一节讲到，广义订货有一部分产品是以实际产生订单订货的，如果完全按广义订货的思路来理解狭义订货，那这一部分产品未来的需求所需要的材料，就没有订到。

为解决这一部分材料需求，狭义订货之前，需要做材料的需求预测，然后对比材料需求预测与广义订货产生的材料需求，综合确定狭义订货的需求。

（2）材料新品谨慎订货。

材料新品的需求和成品新品的需求并不同步，比如新品成品说不定用的全是老材料，相反，旧产品也可能用到新材料。

首先，材料新品一般无法按订单订货，因为大部分情况下，如果客户下单后再买材料，黄花菜都凉了。

其次，新材料是呆滞的重灾区，新材料需要谨慎订货。比如，损失部分价格，减少订货提前期和最小订货量。

（3）分类管理。

狭义订货对物料的分类自成体系，不受广义订货的影响，分类后对CZ类提出下架或强替代建议。

（4）定量订货。

广义订货采取的是定期订货，狭义订货则建议采用定量订货。

狭义订货的输出与输入

狭义订货的输出与广义订货的输出一样，仍然是考虑订货的经典三问。

问题一：订什么货。即哪些物料需要订货。

问题二：订多少货。订货数量或订货批量，需要采用专门的方法选择和计算。

问题三：什么时候到货。广义订货对什么时候到货的要求不是十分严格，而狭义订货则必须列出什么时候到货，一般细化到天，比如，要求到货时间为5月28日。狭义订货可以根据库容、账期等实际情况要求供应商分批送货。

为了得到狭义订货的以上输出，需要有以下八项输入。

（1）广义订货。广义订货是狭义订货的第一个输入，狭义订货对接的是广义订货，不直接对接成品预测。

（2）基础数据。狭义订货最重要的基础数据是物料清单（配比、配方等），还包括材料规格、订货提前期与紧急订货提前期、最小订货批量和客户服务水平。狭义订货的客户服务水平可以直接套用广义订货的客户服务水平。

（3）物料退出及物料需求异动信息。物料退出（含计划退出）指这个材料是否不再使用。不再使用有多方面的原因，比如，市场需求导致配方调整，再比如政策调整不允许或限量使用。当研发或公司相关部门决定某材料不再使用时，必须将这信息第一时间共享给狭义订货人员，否则可能会出现，明明这个料不能用了，但还在下单订货这种怪异现象。物料需求异动指物料可能在未来的一段时间造成波动，比如，配方调整、市场吃紧买不到货等。

（4）当前物料库存。因狭义订货采取的是定量订货，当前物料库存指的是进行狭义订货操作时的即时库存。当前库存是公司的全部库存，包括仓库库存和车间线边库存。

（5）未完成生产计划。指进行狭义订货操作时已排出但车间未完成的生产计划。

（6）已接订单。指进行狭义订货操作时已接但未发货订单。与广义订货不同，狭义订货可以统计全部已接订单。

（7）在途订货。指已给供应下达（已向采购提交）但未交货的订单（请购单），在途订货的截止时间需要与当前库存的时间同步。

（8）历史数据。指物料的实际消耗数据。这里的消耗数据指生产需求数据，那些因呆滞等原因造成的处理需要剔除在外，即历史数据需要进行必需的清洗。

8.3.2 狭义订货的实操与案例

狭义订货的操作相对来说比广义订货复杂，共九个步骤：收集、导入与汇总数据→历史数据分析→未完成生产计划、已接订单的物料需求计算及与当前库存对比→广义订货物料需求、物料需求预测及日均需求、日均用量计算→最低库存、最高库存、安全库存计算→再订货点计算与订货报警设计→订货批量计算→要求到货时间计算→狭义订货跟踪。

下面以 Excel 制作的狭义订货模型为例，讲解这九个步骤，提供包括广义订货、狭义订货在内的、完整的订货模型，如表 8-2 所示。

第8章 执行线：从广义订货到狭义订货

表 8-2 狭义订货模型

物料编码	标准差	安全存车 新品	简单粗暴	文艺青年	灭绝简化	计算安全库存	确认安全库存	订货报警 再订货点	订货报警	订单+减半最小批量	最低库存定量+减半最小批量	最小订货批量	再订货点+最小批量	最高库存定量	订货批量 计算订货批量	确认订货批量	要求到货时间	催货报警	日常跟踪 最近3天需求	断崖预警
MW60097	36.228	0	165	80	78.578	0	0	165		0	0	0	0	0	0	0			29	报警
MW60098	45.579	0	40	205	98.862	0	0	40		0	0	0	0	0	0	0		报警	8	
MW60099	43.756	0	40	200	94.907	0	0	40		0	0	0	0	0	0	0			9	
MW60100	53.296	0	65	230	115.6	0	0	77		0	0	0	0	0	0	0		报警	232	
MW60101	20.695	0	10	85	44.889	0	0	10	报警	60	60	100	100	100	0	0	2022/5/23	报警	0	报警
MW60102	59.506	0	30	315	129.07	0	0	30	报警	60	60	100	100	100	0	0	2022/5/27	报警	2	
MW60103	14.572	0	18	45	24.483	0	0	27	报警	60	60	100	100	100	0	0	2022/5/25	报警	0	
MW60104	10.171	0	105	135	38.212	0	0	105		0	0	0	0	0	0	0			0	报警
MW60105	31.445	0	70	150	68.204	0	0	70		0	0	0	0	0	0	0			3	报警
MW60106	25.313	0	78	126	64.964	0	0	122		0	0	0	0	0	0	0			9	
MW60107	24.037	0	12	140	52.137	0	0	20	报警	60	60	100	100	100	0	0	2022/5/24	报警	0	报警
MW60108	57.379	0	68	230	124.45	0	0	85	报警	0	0	0	0	120	0	0	2022/5/27		102	
MW60109	21.393	0	21	54	35.943	0	0	21		0	0	0	0	0	0	0		报警	4	报警
MW60110	21.3	0	28	90	46.2	0	0	35		0	0	0	0	0	0	0			3	报警
MW60111	74.021	0	196	469	189.97	0	0	196		0	0	0	0	0	0	0		报警	41	

收集、导入与汇总数据

（1）基础数据确定与导入。确定并将材料规格、订货提前期与紧急订货提前期、最小订货批量和客户服务水平等数据填入或导入狭义订货模型，另表列示物料清单等数据。

（2）导入物料退出及异动信息、当前物料库存、未完成生产计划、已接订单与在途订货数据。可以从系统中导入或从手工制作的相关报表或跟踪表中导入。物料异动为人工判定项，本例不再赘述。

（3）导入广义订货数据及物料历史消耗数据。

（4）将历史数据进行汇总（做必要的清洗）。

历史数据分析

与广义订货一样，狭义订货的历史数据分析主要也是有两个分类：一是新品判定，二是 ABC-XYZ 矩阵分类。

（1）新品判定。

材料也需要对历史数据分析首先要找出新品，以便区别对待。材料新品的需求和成品新品的需求并不同步，并没有一一对应关系，但材料新品判定的方法和成品新品判定一样。材料判定出新品与常规品即可，没必要进行再分类。

本例将最近 3 周才有需求的判定为新品（前 9 周没有需求）。

（2）ABC-XYZ 矩阵分类。

材料的 ABC-XYZ 矩阵分类方法，与成品 ABC-XYZ 矩阵分类相同，不再赘述。

本例的 ABC 分类同样按消耗数量进行的分类，累计数量占比超过 70% 并且累计品项占比在 10% 以内的为 A 类，累计数量占比 10%～30% 并且累计品项占比在 10%～30% 的为 B 类，累计数量占比 10% 以内并且累计品项占比在 70% 的为 C 类。

本例物料 XYZ 分类标准定为：变异系数 0.55 以下的为 X 类，0.55～1.1 的为 Y 类，1.1 以上的为 Z 类。

未完成生产计划、已接订单的物料需求计算及与当前库存对比

（1）根据产品配比，分别计算未完成生产计划、已接订单的物料需求。这个物料需求计算，ERP 等系统支持的话可以直接从系统计算后导入，系统不支持在 Excel 中用 SUMIF 或 SUMIFS 也能够轻松解决。

（2）与当前库存对比，分析当前的物料库存能不能满足未完成生产计划和已接订单的物料需求。如果不能满足，则计算出不能满足的需求数量和最早需求时间。这个计算主要是为了后面计算订货的到货时间。

广义订货物料需求、物料需求预测及日均需求、日均用量计算

（1）广义订货的物料需求计算，也根据产品配比进行，计算方法与未完成生产计划、已接订单的物料需求一样。广义订货物料需求涉及一个需求期间的问题，即此处计算多长时间的广义订货。本例规则如下：订货提前期 7 天以下的取 7 天需求，订货提前期 7 天的取 10 天需求（1.5 周），订货提前期 7 天以上的取 14 天需求（两周）。

（2）物料需求预测是由狭义订货人员自行操作，根据物料消耗的历史数据及相关信息（比如物料退出、配方更新、针对促销等）对物料的需求进行预测。此处的预测方法用简单的时间序列即可，比如移动平均或一次指数平滑法。本例物料预测采用简单的 5 期移动平均。

（3）日均需求计算。日均需求依广义订货的物料需求和预测的物料需求，根据第二步的分类采用不同的策略而进行。这些策略由狭义订货人员的上级或公司相关管理人员确定。比如 AX 类，日均需求的计算取广义订货的物料需求和预测的物料需求两者较大者。本例日均需求的算法：

Z 类，取广义订货需求与预测需求最小值。

AX 类、AY 类与 BX 类，取广义订货需求与预测需求最大值。

其他类，取广义订货需求与预测需求平均值。

（4）日均用量计算。日均用量与日均需求不是一个概念，日均需求面向的是未来，日均用量面向的则是过去。日均用量就是过去一段时间物料的平均实际消耗量。"过去的一段时间"取多少时间，根据实际数据和物料特性而确定，一般可以与历史分类数据所定的时间相当。本例日均用

量，采用全部 12 周平均。

最低库存、最高库存、安全库存计算

这一步关键的是安全库存的计算，最低库存与最高库存按常规计算公式计算即可。**最低库存＝日均需求×订货提前期，最高库存＝最低库存×2＋安全库存**。

安全库存根据材料新品及 ABC-XYZ 矩阵分类而区别进行，可参考如下思路。

（1）新品。新品 A，设置安全库存，采用简单粗暴算法计算。新品 B，设置安全库存，以简单粗暴算法的一半设定。新品 C，不设置安全库存。

（2）AX 类，设置安全库存，采用文艺青年算法。

（3）AY 类，设置安全库存，采用简单粗暴算法。

（4）AZ 类，设置安全库存，采用"灭绝师太"简化算法。

（5）BX 类，设置安全库存，采用简单粗暴算法。

（6）BY 类，设置安全库存，采用"灭绝师太"简化算法。

（7）BZ 类，不设置安全库存，并进行两项动作，一是建议研发或产品同事让该类物料可以"强替代"，二是请供应商协助备该产品（对于供应商来说是产品）的物料安全库存。

（8）CX 类，设置安全库存，采用简单粗暴算法。

（9）CY 类，设置安全库存，采用"灭绝师太"简化算法。

（10）CZ 类，不设置安全库存，并向研发或产品部门反馈，建议强替代性或淘汰此类产品。

再订货点计算与订货报警设计

（1）再订货点。再订货点是订货报警的阈值，也是定量订货的触发点。按常用计算公式计算，即**再订货点＝安全库存＋最低库存**。

因为再订货点是订货报警的阈值，未触达这个阈值，不会启动订货。但是，在实际工作中，可能出现未完成生产计划或已接订单在需求期内的需求超过再订货点。这时如果不进行订货，就可能面临缺货。需求期是按日均需求计算的再订货点可用天数。

所以，再订货点除了按以上公式计算以外，还要求不小于未完成生产计划和已接订单在需求期内的需求。本例简化计算，取再订货点与未完成生产计划或已接订单需求的最大值。

（2）订货报警。订货报警是提醒订货人员订货，并由此启动计算订货批量及要求到货时间计算，没有订货报警的，不管库存够不够甚至为零，都不要订货。订货报警回答的是订货的第一个问题，什么时候订货。

订货报警设计主要考虑两个因素：一是退出物料，判断为退出物料的，一律不进行报警，并且跟踪和取消在途订单，如果公司规定已接订单需要按原配比进行交付时，报警阈值为已接订单的物料需求；二是当前库存加上在途订货（供应商未交付订单），当这两项之和破了再订货点，应立即启动报警，以提醒订货。

订货批量计算

订货批量计算是回答订货的第二个问题，订多少货。订货批量的计算思路与安全库存计算一样，也是在分类的基础上进行。

（1）新品 A 类、AX 类、AY 类、BX 类，采用最高库存定量法计算订货批量，满足供应商的最小订货批量要求。**订货批量 = 最高库存 − 物料总库存**。

（2）新品 B 类、AZ 类、BY 类、CX 类、CY 类，采用再订货点法计算订货批量，满足供应商的最小订货批量要求。**订货批量 = 再订货点 − 物料总库存**。

（3）BZ 类，采用最低库存定量法计算订货批量，满足支付费用后调整的最小订货批量。什么是支付费用后调整的最小订货批量？指我方愿意支付一定的费用，弥补供应商的损失，换取一个更小的最小订货批量。比如，本例中，假设物料价格上扬 10%，最小批量下降 50%。**订货批量 = 最低库存 − 物料总库存**。

（4）新品 C 类，以实际订单需求计算订货批量，满足支付费用后调整的最小订货批量。

（5）CZ 类，以实际订单需求计算订货批量，不考虑最小订货批量，即完全按订单生产。同时，向研发或产品部门提出两项建议，物料强替代性和淘汰此类产品。

要求到货时间计算

要求到货时间计算是回答订货的第三个问题，什么时候到货。要求到货指的是供应商送货到达我们指定仓库的时间。要求到货时间的计算思路如下。

（1）要求到货时间是以现有库存和日均需求数据而计算的。其逻辑是看现有库存按日均需求的数量能够使用多少天，以当天的日期加上能够使用的天数即为理论的要求到货天数。

（2）现有库存是企业可用的总库存。这里有两点：一是可用的，即有效的库存；二是总库存，包括仓库库存、车间线边库存和在途库存。

（3）为应对各种不确定性，要求到货时间需要考虑安全库存因素，当物料在到货时间到货时，理论上应该保留有安全库存数量的库存。

（4）要求到货时间需要考虑检验入库时间，尤其是检验提前期较长的物料。本例设定检验提前期为 1 天。

（5）为确保生产需求，要求到货时间不足一天的向上取整为一天计算。

综合以上五点，要求**交货时间 = ROUNDUP（当天日期 +（仓库库存 + 车间线边库存 − 安全库存）÷ 日均需求 − 检验入库天数，0）**。ROUNDUP 为向上取整函数，计算结果如果为负数，代表要加急催料或已缺料。

狭义订货跟踪

广义订货跟踪的两项是库存预警与断崖预警，狭义订货跟踪也有两项，催货报警与断崖预警。

（1）催货报警。

狭义订货是定量订货，库存预警就是订货报警，属于订货的日常步骤。但是订货后供应商（含内外部）不一定能够按期到货；或者因需求突然增大，按正常的到货时间，现有库存不能满足生产需求，这时就需要进行催货报警，以提醒对供应商或采购进行催货。

如上所说，有两种情况需要催货，一是供应商可能无法按期到货，二是因需求加到供应商按期到货的话可能不能满足生产需求。在日常工作场景中，如果我们需求不急，库存充足，那么供应商不能按期到货对我们影响不大或没有影响，催货报警最主要的作用是预防缺货，所以，可以将以上两种情况合并，设定一个阈值进行报警。

如果未来某几天不到货可能造成缺货，这个某几天的需求就是报警的阈值。即当前库存如果不能满足某几天的需求，就进行报警，提醒催货。至于这个不能满足需求的原因是供应商未按时送货，还是我们自己的需求加大，这是催货时再分析与解释的。本例将这个某几天设定为订货提前期的一半。

另外，特别提醒，催货报警，只要出现未来某几天不到货可能造成缺货现象就会报警，而不管你有没有订货。

（2）断崖预警。

狭义订货的断崖预警与广义订货一样，也是为了应对预测多了，其目的是提前发现物料耗用下滑（断崖下滑），以提前采取措施应对。比如，立即取消订货，或者调整产品配比增加需求等。

狭义订货断崖预警的具体思路与广义订货一样，也是将一个订货时间跨度内的最近时间段的耗用量与时间跨度内预测的总需求量进行对比，以判断需求的下滑程度。本例是将3天的需求与一周的需求对比，如3天需求小于一周需求的1/7（即日均需求），即认为需求断崖下滑，进行报警。

第9章 绩效线：从组织、到团队、再到个人

9.1 为什么要从组织、到团队、再到个人

这里先讲一个两万元大于 30 万元的故事。

某电商公司两个最爆的爆款，外包装中用到了包材 A 和包材 B。包材 A 用量较大，价格较高；包材 B 是这两个爆款的专用包材。

该公司包装设计人员经过多方努力和无数次加班，大胆采用取消包材 A 的方案。同时，为保障产品外观与品质，以及快递时对产品的保护，他们将这两个爆款专用的包材 B 调整成用量增加但成本不变的新款包材 C。

包装设计部前前后后经过各种顾客评估与调查，以及反复发货测试，发现取消包材 A 后，产品的品质、对产品的保护和客户体验更好。于是，公司决定，采购包材 C，待包材 C 到货后，即开始使用取消包材 A 的方案。包材 C 是新设计的，需要开模，首批到货需要 20 天，采用取消包材 A 的方案，按公司的出货量，每月能节省约 15 万元。

这时，精彩的来了。

一个月后，包装设计负责人有事到工厂，发现还在大量使用包材 A，询问一圈得知包材 C 根本就没有下单采购。没下单采购的原因，是包材 B 还没用完，物控说，等包材 B 用得差不多时，再下单。

这位负责人当场"吐血 3 升"（夸张了）。

包材 B 是专用物料，取消包材 A，就需要停用包材 B（换包材 C），

包材 B 将成为呆滞物料。当时包材 B 还有两大卡板库存，金额约 2 万元，按两个爆款的用量，这两大卡板差不多需要两个月才能用完。

明明更换包材每月能节约 15 万元，但是为了 2 万元的呆滞，公司就这样损失了 30 万元。

负责下单的物控为什么这么做？因为他们物控和采购的考核指标中，都有"呆滞率"一项，考核权重还挺高……

绩效直接到个人的结果

以上的故事，就是绩效考核惹的祸。

有不少企业分钱，考核（奖励）对象是直接到个人的，给个人定指标，只要这个人指标达成了，就给他奖励，给他分钱。这样做，以下结果几乎是必然的。

（1）员工只顾自己的指标，不顾公司的目标。最后会出现，每个人的指标都完成得很好，但公司的目标没达成的现象。有时公司明明亏损，但该发的奖励，该分的钱，一分都不能少。

（2）谎报军情，数据造假。用假数据，员工多拿一点儿奖金还是小事，误导决策有可能造成血的教训。

（3）团队协作差。一是中后台部门会"羡慕嫉妒恨"前台部门丰厚的业绩提成，前台部门业务量越大，中后台部门的抱怨和不满情绪就越大。二是同一个团队内部，利益直接算到个人，他们之间不会有经验分享，也不会产生好的协作，甚至彼此成为竞争关系。

（4）导致内部不公平。个人业绩的大小未必与个人的努力付出完全对应，有可能是整个市场行情突然转好，也可能是公司某个业务赶上市场爆发阶段，也有可能是撞上大运。

激励，不是让员工满意

有一个几乎没有争议的观点，人人都需要激励。有些公司为了激励员工，会很在意员工的满意度，以为员工满意度提升了，工作的自驱力就会有了。这其实也走进了一个误区。

首先，员工满意没有标准，并且是动态的。一来你怎么做都可能有一部分人不满意；二来今天满意了，明天不满意，怎么办？

其次，员工满意了，企业不一定满意。北京一家成立近10年的公司，2024年四个季度都进行了员工满意度测评（请的是第三方测评），结果显示，员工满意度都在90%以上（有一个季度达到98%）。然而，该公司经营数据显示，2023年每个季度都在亏损，并且，2025年可能持续恶化……

最后，员工满意了，就一定会认真干活吗？自驱力就一定高吗？不打卡，不加班，不用报告总结，不用复盘反思……这些能让员工满意。但是，可能也正是有了这些，员工才满意，如果让他认真干活，他就不满意了。事少钱多离家近，位高权重责任轻，很多的员工满意，最终是让员工停留在自己的舒适区。

激励，不是让员工满意，而是通过共同的目标，让员工看到自己的预期结果和工作成绩，产生一种满足感和自豪感，以更大的热情和信心去达成目标，从而实现个人绩效与企业绩效。

那么，如何通过共同的目标，打通库存管理的绩效线呢？

9.2　库存管理的共同目标

企业要赚钱，员工也要赚钱，这是企业和员工的共同目标。而企业存在的理由，是为客户创造价值，所以，企业和员工的共同目标，通过为客户创造价值来实现。

9.2.1　企业的赚钱循环

企业赚钱的底层逻辑是利益驱动，做企业，就要谈钱。有一句话：谈理想的永远只有老板，大多数员工，则是为了赚钱而上班。其实，大多数老板的理想，也是赚钱。这里并没有否认情怀和责任，情怀和责任同样非常重要。

第9章 绩效线：从组织、到团队、再到个人

企业赚钱飞轮

员工的钱是企业发的，对于企业来说，给员工发钱，最终目的是企业赚钱，这是企业赚钱飞轮的底层逻辑。

按照"谁强势，谁先付出"的原理，企业赚钱飞轮始于企业给员工发钱。企业给员工发了钱，员工受到激励，激发出能力和激情，为客户创造价值，从而为企业创造价值，让企业更赚钱。企业更赚钱了，就会给员工发更多的钱，让员工有更高的能力、更大的激情，为客户创造更多的价值，让企业更赚钱……这就是企业赚钱飞轮，如图9-1所示。

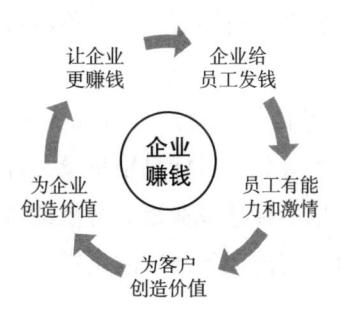

图9-1 企业赚钱飞轮

赚钱飞轮正向循环的前提

给员工发钱是企业赚钱飞轮的起点，也是最关键的一个环节。这个环节没做好，赚钱飞轮转不起来不说，还可能丢失客户，甚至土崩瓦解。

给员工发钱的一个最常见（可能也是最大的）误区，是给员工定目标，然后按目标的达成情况发钱。

比如，某公司老板说，今年销售一部的业绩目标是3 000万元，若达成了，按业绩的1%奖励，若达成了3 500万元，按业绩的1.2%奖励……接下来，你认为销售一部会为实现3 000万元或3 500万元撸起袖子加油干吗？肯定不会！他们会先找到老板沟通："销售一部的目标定得太高了，去年那么努力都只实现2 500万元，今年3 000万元不可能完成，因为有以下12种困难……"

再比如，某公司考核供应链的库存周转率，去年的周转次数是8次，今年目标定10次。这时，供应链想到的，大概率不是这10次应该怎么去实现，而是去找公司、找上级讨价还价。他会说库存周转率定10次不合理。去年拼死拼活，才做到8次，凭什么今年10次？何况现在有很多实际的问题，比如增加了很多新产品，配方越来越复杂，材料品类越来越多，供应商提前期太长……有一系列听起来非常合理的原因，来证明库存周转率目标10次不合理。

以目标的达成情况发钱，带来的结果必然是博弈——高管与老板博弈，部门与公司博弈，员工与部门博弈——博弈的结果往往是双输。

但是，不以目标发钱似乎也不行，这样很容易躺平，对整体绩效达成同样不利。怎么办？

解决方法是发钱（考核、激励）与目标脱钩，这也是赚钱飞轮正向循环的前提。如何脱钩？首先，目标只用来设定行动策略和匹配资源，而不是用来发钱；其次，以实际达成业绩进行激励与发钱。

基于以上两点，可以得出以下清晰的逻辑，如图9-2所示。

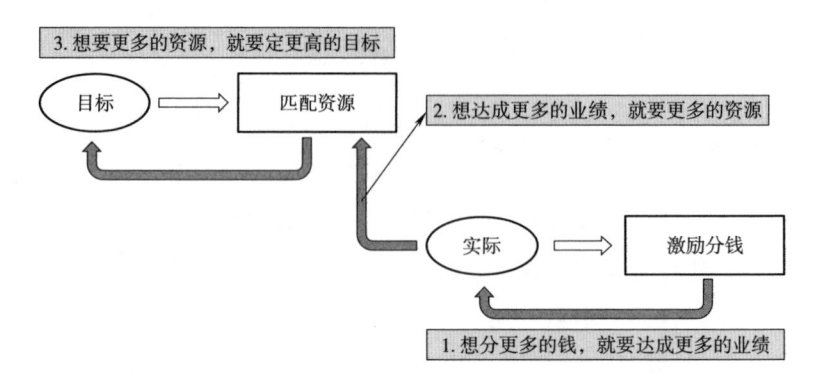

图9-2 发钱与目标脱钩

（1）因为以实际达成业绩发钱，所以，要想发更多的钱，就要实际达成更多的业绩。

（2）如何达成更多业绩呢？自然是拥有的资源越多，达成概率就越高，想要达成更多的业绩，就需要更多的资源。

（3）如何拥有更多的资源？因为目标匹配资源，想要更多的资源，就要定更高的目标。(当然，目标也不能乱提高，需要由其上级把握：一是从战略方向而来，二是要有能力实现，即需要平衡企业能力与总体资源。)

9.2.2 库存管理的目标与指标

在指标篇中，本书按平衡计分卡的思路，列出了库存管理的12个指标。库存管理的共同目标，就是这12个指标吗？是，也不是。

说"是"，是因为目标总是要经过指标而体现。

比如企业层面的战略目标，其呈现形式是"公司战略控制点+关键衡量结果"，如"开发西南市场，拿下10%份额"。这里，"关键衡量结果"(市场占有率10%)就是指标。

再比如供应链层面的库存管理目标，其呈现形式是"部门关键控制点+关键衡量结果"，如"精准备货，将订单完成提前期缩减到3天"，这里，"关键衡量结果"(订单完成提前期3天)就是指标。

说"不是"，是因为目标承企业战略方向而来(或从企业战略分解而来)，与这12个指标没有必然的联系。

比如，企业的战略方向是未来3年成为行业规模(销售收入)第一，在这个战略方向下，库存管理的三个财务指标"库存的投资回报、库存周转率、库存呆滞率"都不能成为库存管理的目标，客户层面的三个指标反而更合适(及时交付率、订单完成提前期、供应链响应时间)。

库存管理的企业目标

彼得·德鲁克说过，目标管理应遵循的一个基本原则是"每一项工作必须为达成总目标而展开"[1]。德鲁克所说的总目标，就是企业的战略目标，源自战略方向。

战略管理，是一个大课题，本书不深入。

在库存管理方面，如果企业的战略目标清晰，那库存管理的企业目标直接由企业战略目标解码而来。比如，如果企业的战略目标之一，是客户

---

[1] 引用自彼得·德鲁克2019年1月在机械工业出版社出版的《管理的实践》。

复购率达到30%，那么在库存管理方面，哪些关键行动能提升客户复购率呢？可能不仅需要及时交付，还需要减少绝对交付时间，以及在不增加客户成本的情况下应对客户加急。这样，可以选择订单完成提前期和供应链响应时间为库存管理的企业目标。

如果企业的战略目标不清晰，或无法直接往库存管理方面解码，那么，可以站在客户角度，从以下几个方面确定库存管理的企业目标：如何帮你的客户省钱？如何帮你的客户省时、省心、省力？如何让客户心情愉悦？如何为客户提供额外的价值？等等。

库存管理的个人目标

准确地说，应该是库存管理者的个人目标。共同目标，兼顾企业和个人。企业要赚钱，目标从战略方向而来；个人要赚钱，目标如何定呢？

一是赚现在的钱。我完成工作，你给我多少钱。简单来说就是薪资待遇，工资、奖金、福利什么的都算。既要马儿跑，又要马儿不吃草，往往是不现实的。

二是赚未来的钱。要么能提升我的能力，要么给我机会，让我未来能赚更多的钱。典型的，以其为主，负责某项任务，既提升了能力，又给予了机会。

员工要走，往往一是钱没到位，二是受委屈了。受委屈了，其实是伪命题，只要钱到位（现在的钱或未来的钱），那就不是委屈，是抗击打能力。

如何兼顾企业目标与个人目标

（1）目标对齐，力出一孔。

基于战略目标来做激励，目标上下对齐，左右拉通。上下对齐的过程，也是团队共识的过程，共识，有时比目标本身更重要。

库存管理的目标，必须服务并服从于企业目标，如果与企业目标关联度不大或没有影响，那么，这个目标需要从库存管理中移除。

比如某公司仓库管理，一直以库存准确率为目标，每月考核库存准确率。如果该企业的目标是客户复购率达到30%，那"库存准确率95%或100%"显然不能成为库存管理或供应链的目标，因为库存准不准确，和客户没半毛钱的关系。

（2）激励共赢，利出一孔。

管仲曰："利出于一孔者，其国无敌；出二孔者，其兵不诎；出三孔者，不可以举兵；出四孔者，其国必亡！"故利出一孔，方能力出一孔；力出一孔，方能实现战略目标。

如何激励？最有效的体现方式就是薪资和奖金。奖金下一节详细介绍。薪资方面，库存管理并没有特殊之处，和大多数岗位员工一样，考虑的因素一般有如下几点。

一是外部公平。与相似企业，相似行业、相同地区的员工相对比，有没有不公平。保持外部公平，企业要能赚钱（要有钱），没有钱的企业很难做到外部公平。没有钱还想激励员工的，往往会变成"画饼"。

二是内部公平性。与内部相类似岗位或职务相比，有没有不公平，薪资确定，是否与岗位价值和员工贡献相匹配。

三是不管哪种公平，公平都是相对而言的，世界上没有绝对的公平，公平是一种感觉。在实际工作与生活中，这种感觉因人而异、因时而异、因地而异，实质上在任何一家企业都是存在的，不可能完全被消除。公平与期望息息相关，企业要做好的，是员工的期望值管理。

指标考核的思路

前文提到，不能用目标达成来发钱，指标从目标而来，指标首先是用来管理的，不是直接拿来评价、考核或发钱的。

但是，有一个说法：你不想员工做什么，就考核并惩罚他；你想要员工做什么，就考核并奖励他。考核、奖惩，不是目的，不过却是切实有效的方法。在企业管理中，考核，目前还不可或缺。

怎么考核呢？首先是要选择指标，或者说，考核的结果，最终要以指标来体现。对于库存管理来说，关于指标考核，有以下三个思路。

（1）考核的目的，做到三个一致性。

与客户价值一致。库存管理要指向客户，为客户创造价值，即经过考核，能够给客户带来好处。比如，上文提到，对仓库考核，很多人选择库存准确率。但是，站在客户的角度，库存准不准，对客户来说没有半毛钱关系，站在客户的角度，仓库考核的首选指标是发货准确率。

与公司战略一致。想实现战略，就要考核跟战略相关的。比如，企业战略是想快速地扩大市场，把规模做大。这样的话，就不宜对供应链考核降本，因为不管是采购降本、生产降本、物流降本还是其他降本，有一个最好的方法，就是加大批量，这样的话，很可能会造成小单不愿意接，散单无限往后延等各种严重影响的行为，导致不能扩大市场，不能把规模做大。

与管理目标一致。你想实现什么，想得到什么，就考核什么。

（2）选择的指标，需要可衡量。

可衡量就是能够量化。衡量要有明确的标准，直接用数字量化的，当然最好，不能数字量化的，可以用时间量化，用时间衡量。如果也不能用时间衡量，那就定性描述，但要具体、要完整、要详细，可以简单判断。比如列出1、2、3、4点，达到了哪一点，就去对应什么样的考核结果。

（3）考核指标的可控性。

可控性，是指被考核人能够控制考核他的指标。被考核人所做的努力，所采取的方法，能够对考核他的指标产生重大的影响。否则，考核就没有意义，可能还会适得其反。

比如，对物控考核库存周转率（现在还有不少企业就是这么干的），就需要问问，库存总量，物控能控制得了吗？上市的新品，卖不动，造成的库存，物控能够控制吗？公司为了投机而囤积的库存，物控能够控制吗？对库存影响巨大的采购提前期，物控能够控制吗？如果物控都控制不了的话，就去考核他的库存周转率，没有任何意义。

9.3　供应链奖金分配方案

供应链人员的待遇，在薪资方面，供应链并没有什么特别之处，前文也提到过，依企业相关规定而行。但奖金（比如年终奖）方面，在实践中，还很少有让供应链从业者满意的。

比如著名的销售与供应链的囚徒困境（例如，销售想见单就接，供应链提出订单太小太杂，频繁换线严重影响效率；销售答应客户尽快交货，供应链则强调提前期的刚性等），其根源就是供应链奖金与销售脱钩，销售业绩好坏与供应链没关系或影响极小。

在我们重新梳理了库存管理的指标体系之后（见指标篇），我们一直在思考库存管理或供应链的奖金分配思路。我们研究了华为，他们"以奋斗者为本""不让雷锋吃亏"等理念深得人心。

因此，这里在华为分钱方法的基础上进行一些改造，基于中小企业供应链的特点，提出供应链奖金的分配思路，如图9-3所示。

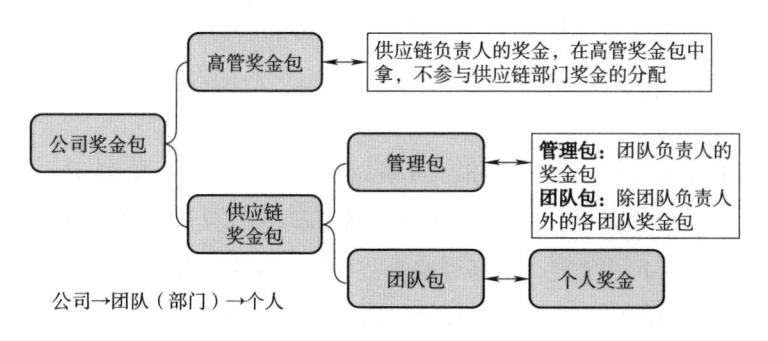

图9-3 供应链奖金的分配思路

图9-3未列出战略奖金包。一来战略奖金一般很少涉及供应链；二来战略奖金包是单列还是参与奖金总包的分配，视企业管理实际而定。

9.3.1 供应链奖金分配思路说明

图9-3供应链奖金的分配思路，主要参考华为的点是先公司，后团队，再个人。也就是先有公司赚钱，再分配到各个有贡献的部门，部门分配到有贡献的团队，团队再分配到有贡献的个人（或更小的团队，最后到个人）。

这个整体思路就是"大河有水小河满"的意思，如果公司没赚到钱，又没什么战略意图，那么，还给员工发奖金是不合适的。

公司奖金包

公司奖金包源自组织绩效，即公司赚钱了，才有奖金。或者战略目标实现了，才有奖金（有时候，某一阶段的战略就不是赚钱，甚至是战略性亏损）。

很多企业，奖金直接分配到个人。不管是经过考核分，还是拍脑袋分，都很容易造成一种现象：明明企业亏了（战略目标没实现），但大家都做得挺好，奖金都应该拿，一分都不能少。于是"富了员工，穷了老板"。

赚钱或战略目标实现，都是组织的绩效。先按照组织绩效达成情况，确定公司总的奖金包；再根据团队（部门）绩效，把公司的奖金包分配到每个团队（部门）和高管，生成团队（部门）和高管的奖金包；然后由每个团队（部门）根据个人绩效，把奖金分配到个人。

高管奖金包

本书提出的奖金分配思路，与华为有一个不同点，单列了"高管奖金包"。并且从部门奖金包往下，每一级都列有各自下一级的管理包。比如供应链负责人的奖金，在高管奖金包中拿，不参与供应链部门奖金的分配；而供应链部门奖金包下，设置管理包和团队包，管理包的分配人员是供应链各团队的负责人，如计划经理、物控经理、仓库经理、物流经理等。

这个思路称为上级与下级分灶吃饭，是把每一级的负责人先列出来，放到一起组成一个包，他们单独去拿奖金，不参与自己部门的分配。

这样做主要考虑的是，部门负责人不要和自己的本部门员工争利。部门负责人的奖金拿多少，与他的本部门人的奖金拿多少，不形成竞争关系。如果负责人拿自己团队的奖金，不可避免会出现负责人拿得多了，部门的人就拿得少了这样一种博弈关系，要求负责人有无私的精神，这是对人性的一种挑战。我们最好不要去挑战人性，因为很可能会导致一些不好的事情发生。

9.3.2 供应链奖金分配算法：从组织到供应链团队

思路明确了，具体怎么去做呢？

第 9 章 绩效线：从组织、到团队、再到个人

确定公司奖金包

就是根据组织绩效，和事前确定的奖金系数，计算得出的公司的奖金总包。计算公式：**公司奖金包＝组织绩效×奖金系数**。

公式中，组织绩效依战略而选择。企业在当年的战略追求是什么，组织绩效就选择什么。比如，追求的是规模，企业需要快速扩张，那么，组织绩效可以选择销售收入；如果追求的是获取利润，组织绩效可以选择为利润；如果追求的是现金流，组织绩效可以选择现金利润（有现金流的利润）。

公式中，奖金系数由老板确定。老板带高管一起，讨论确定奖金系数的方法，老板拍板最终的系数。系数的设定，有一个常见的思路，鼓励增量，即根据组织绩效的趋势，设定一个增量基点，高于基点的系数高一些，低于基点的系数低一些。

不管采用什么为组织绩效，也不管采取什么方法确定系数，都要在事前形成规则，而不能事到临头，想给谁多少就给多少。比如，对于年终奖来说，年初要讲好，年初讲好了，年终才能够"奖"好，年初没讲好，可能会变成"年凶奖"。

确定高管奖金包

计算公式：**高管奖金包＝公司奖金包×高管团队分配系数**。

高管团队分配系数，同样由老板带领高管讨论，老板拍板决定。

如果供应链负责人是高管级别，参与高管奖金包的分配。如果不是高管级别的，但直接向老板汇报的，也参与高管奖金包的分配。如果不是高级级别，也不向老板汇报（向其中的一个高管汇报），那么整个供应链只能参加这个高管所负责团队的分配。

确定部门奖金包（供应链奖金包）

直接业务部门奖金包（比如销售部），计算公式：**部门奖金包＝公司奖金包×部门分配系数计算×部门考核系数**。部门分配系数，也是由老板带领高管讨论，老板拍板决定。

供应链等平台部门或支持部门的奖金包，也可以按"**公司奖金包×部门分配系数计算×部门考核系数**"计算（事前由老板确定分配系数）。但本书建议参考华为的做法，与销售联动。

所谓与销售联动，就是供应链拿多少奖金，由销售部拿多少奖金决定。计算公式：**供应链奖金包＝销售奖金包×联动系数×部门考核系数**。

公式中，联动系数按公司战略（公司对供应链的定位）由老板拍板确定，事前公布。

部门考核系数，根据部门的考核结果而定。供应链的考核，本书建议只考虑一个指标，库存的投资回报。关于库存的投资回报，请回看指标篇第1章1.1。

如果数据齐全，部门考核系数可以采用加权计算，比如按2∶3∶5的权重，**供应链的部门考核系数＝当年库存的投资回报÷(前三年库存的投资回报×20%＋前两年库存的投资回报×30%＋前一年库存的投资回报×50%)**。

如果数据不全，部门考核系数可以按期初约定的标准计算，**供应链的部门考核系数＝当年实际的库存投资回报÷年初约定的库存投资回报**，或直接由老板拍脑袋。

供应链奖金包与销售联动后，供应链拿多少奖金，取决于销售拿多少。这样做的一个明显的好处就是，打破了销售与供应链的囚徒困境。供应链不能只盯着自己的部门，你想多拿奖金，就要指望销售的奖金拿得多，销售拿得更多，供应链才会拿得更多。这样倒逼供应链团队具备销售视角，更多地去想办法增加销售绩效（至少不阻碍销售绩效）。

至此，奖金已分到供应链部门了。

9.3.3 供应链奖金分配算法：从供应链团队到个人

奖金已分到供应链部门后，同样的，先将供应链部门中计划团队、物控团队、采购团队、仓储团队、物流团队等团队的负责人拉到一起，组成管理奖金包。

管理奖金包

计算公式：管理奖金包 = 供应链奖金包 × 管理分配系数 × 管理团队考核系数。

公式中，管理团队的分配系数，由供应链负责人带领团队成员讨论后，与财务、人力资源商讨，供应链负责人拍板。

管理团队考核系数，等于上一步已算出的供应链部门考核系数，因为供应链管理团队的成功，就是供应链部门的成功，管理团队的绩效，就是部门的绩效。比如，**管理团队的考核系数 = 当年库存的投资回报 ÷（前三年库存的投资回报 × 20% + 前两年库存的投资回报 × 30% + 前一年库存的投资回报 × 50%）**。

团队奖金包

计算公式：供应链各团队的团队奖金包 = 供应链奖金包 × 团队分配系数 × 团队考核系数——如果大团队内还有小团队的，参照本方法，进一步往下分。

公式中，团队分配系数，根据供应链组织规划（供应链各部门的定位），由供应链负责人与各团队负责讨论后，再与财务、人力资源商讨，供应链负责人拍板。

团队考核系数，选定各团队的考核指标后，采用加权等方法计算。

各团队的考核指标，经供应链管理团队讨论，供应链负责人确定。各团队所选的考核指标，必须能支撑供应链的关键指标，因为供应链的关键指标，是支撑企业战略目标的，要跟企业战略上下对齐。另外，需要注意的是，各团队间的指标不能相互冲突。

比如，在供应链部门以"库存的投资回报"考核的前提下，计划团队可以考核及时交付率（提升有效产出），物控团队可以考核平均库存（降低库存），采购团队可以考核采购提前期（提升产出、降低库存、降低成本）等。

个人奖金

终于到个人了。

计算公式：个人奖金 = 所属团队的奖金包 × 个人（岗位）分配系数 × 个人考核系数。

高管、团队（部门）负责人的个人分配系数，由上一级的负责人与人力资源、财务讨论，上一级负责人拍板确定。

高管、团队（部门）负责人的个人考核系数，等于他们负责团队（部门）的考核系数。

其他个人（岗位）的分配系数，由这个人所在的团队负责人确定，报供应链负责人及人力资源备案。注意，这里有一点不同，个人（岗位）分配系数由其所在团队的负责人直接确定，没有讨论环节。因为到个人层级上，没必要再耗费那么大的精力和成本去确定这个分配系数，我们要选择相信这个负责人。如果负责人有私心或不负责任，那么代表这个负责人不合格，这是他的上级管理者需要考虑的问题。

其他个人的考核系数，由其直接上级，按既定的评价标准评价确定。对，这里说的是评价，而不是考核。个人考核系数确定，建议采用定性的方法。因为对于个人考核来说，最准确的考核不是量化，而是了解后的评价。另外，在先团队、再个人的考核机制下，团队定量后，个人不宜再定量，上级管理者，应该承担起这个责任。

当然，评价标准，需要与其上级沟通确定，并且报人力资源部门备案，同时在团队内公告与宣传。

后　　记

五柳先生说："……好读书，不求甚解；每有会意，便欣然忘食。性嗜酒，家贫不能常得。亲旧知其如此，或置酒而招之；造饮辄尽，期在必醉。既醉而退，曾不吝情去留……"

我也喜欢读书，也喜欢喝酒。

然而，不仅读书离五柳先生差好几层境界，喝酒，离五柳的酒脱，也差好几个维度。由于所谓的身体原因，每次喝酒后，我都会有一些自责："不是说好不喝的吗？……为什么又喝了呢？"

2023年底，在一次和张金宝老师的闲聊中，我提到："我这人能抵挡一切诱惑，除了酒……所以，我晚上不能闲着，只要闲下来，就肯定想喝酒。"

张老师说："那为什么不利用晚上的时间再写本书呢？"

是啊，为什么不再写一本书呢？

我此前共出版了三本书《供应链计划：需求预测与S&OP》《库存控制实战手册：需求预测+安全库存+订货模型+呆滞管理》《供应链管理专家都是技术控：PMC总监手把手教你学EXCEL函数》。张老师问我这个问题的时候，离我的第三本书出版，已经过去了一年半，也确实到了再写一本书的时候。

那写什么书呢？

早几年，我曾写过一篇文章——需求计划人员需要的四种能力。在文章中，我对大家常说的"三分技术、七分管理"做了一些调整，认为计划人员（库存管理人员）应该技术与管理并重，各占50%，即五分技术、五分管理。

现在看来，那时有点肤浅了。

因为，第一次见张老师的时候，他就告诉我，我们做管理，需要先弄明白"为什么管理"（做正确的事），再来"如何管理"（正确地做事）。弄明白了为什么要做计划，五分技术还是三分技术，五分管理还是七分管理，一点儿都不重要。

于是，决定借助金财咨询多年积累的经验，我们共同撰写这本关于库存管理的书，先弄明白"为什么管理库存"（做正确的事——指标篇），再来"如何管理库存"（正确地做事——实战篇）。

只有跳出供应链，跳出库存管理，站在老板的角度看供应链（眼睛盯着客户和市场），站在财务的角度看供应链（眼睛盯着回报和风险），我们才能管好供应链，管好库存。

最后，感谢金财技术总裁姜学青老师，和我们产品研发中心在一起，参与了关于大财务理论体系与本书框架、目录大纲设计的深度探讨，提出了非常多有建设性的意见。

感谢金财咨询事业群执行总裁王铁伟、咨询事业一部总经理李霞、咨询事业二部总经理陈丰、咨询事业五部总经理白希楼、商贸行业中心总经理郭建新、餐饮食品行业中心总经理孙明霞、中和并购执行总裁武维社等咨询大伽，还有金财大财务研究院执行院长吕军老师，感谢他们提供了大量的案例素材及专业建议。

许　栩
于北京回龙观

参 考 文 献

[1] 罗伯特·卡普兰, 戴维·诺顿. 平衡计分卡: 化战略为行动. 珍藏版 [M]. 广州: 广东经济出版社, 2004.

[2] 许栩. 库存控制实战手册: 需求预测 + 安全库存 + 订货模型 + 呆滞管理 [M]. 北京: 人民邮电出版社, 2021.

[3] 弗雷德蒙德·马利克. 战略: 应对复杂新世界的导航仪 [M]. 北京: 机械工业出版社, 2017.

[4] 艾利·高德拉特, 杰夫·科克斯. 目标. 第 3 版 [M]. 北京: 电子工业出版社, 2012.

[5] 史蒂芬·柯维, 高效能人士的七个习惯·25 年企业培训精华录: 领导力精要 [M]. 北京: 中国青年出版社, 2014.

[6] 孙湛. 战略财务管理 [M]. 北京: 经济科学出版社, 2019.

[7] 许栩. 供应链计划: 需求预测与 S&OP [M]. 北京: 中国铁道出版社有限公司, 2021.

[8] 彼得·波尔斯特夫, 罗伯特·罗森鲍姆. 卓越供应链 SCOR 模型使用手册. 第 3 版 [M]. 北京: 中信出版社, 2015.

[9] 迈克尔·波特. 竞争优势 [M]. 北京: 中信出版社, 2014.

[10] 张以彬. 创新产品供应链的供应柔性和库存风险管理 [M]. 上海: 上海财经大学出版社, 2010.

[11] 克里斯·安德森. 长尾理论·为什么商业的未来是小众市场 [M]. 北京: 中信出版社, 2012.

[12] 刘杨. 觉醒胖东来 [M]. 北京: 中国广播影视出版社, 2023.

[13] 黄中鼎. 现代物流管理. 第 3 版 [M]. 上海: 复旦大学出版社, 2014.

[14] 菲利浦·克劳士比. 质量免费 [M]. 太原: 山西教育出版社, 2011.

[15] 门泽尔. 销售预测: 方法、系统、管理 [M]. 北京: 人民邮电出版社, 2004.

[16] 彼得·德鲁克. 管理的实践 [M]. 北京: 机械工业出版社, 2019.